Ein Kind ist eine sichtbar gewordene Liebe

MIEKE MOSMULLER

EIN KIND IST EINE SICHTBAR GEWORDENE LIEBE

Erziehen von Kindern in den ersten sieben Jahren

OCCIDENT • VERLAG

aus dem Niederländischen
von Holger Niederhausen

ISBN 978-3-00-041847-1
Alle Rechte vorbehalten
Copyright © Occident Verlag, Baarle Nassau 2013
Internet: www.occidentverlag.de
E-Mail: info@occidentverlag.de
Umschlagabbildung: Carina van den Bergh
Grafische Gestaltung: Carina van den Bergh

INHALT

VORÜBERLEGUNG

Das Erziehen kleiner Kinder durch die Eltern scheint das Natürlichste zu sein, was es gibt. In der Natur hat kein einziges Tier Probleme damit. So, wie die Kopulation, die Befruchtung, die Schwangerschaft nach natürlichen Gesetzen verlaufen, die sich als Instinkte in das Verhalten fortsetzen, so ist auch nach der Geburt der Umgang mit den Jungen vollkommen vom Instinkt bestimmt. Erst beim Menschen wirkt neben dem natürlichen Instinkt noch etwas anderes, wodurch es notwendig wird – und vorläufig auch bleiben wird –, sich auf bestimmte Fragen zu besinnen wie: Was ist eigentlich ein Kind? Wie funktioniert der junge Leib; worauf beruht das Verhalten; was bedeutet ‚ungezogen‘ und ‚lieb‘ sein; wie *lernen* kleine Kinder; wie stimuliert man dies; wie weckt man gute Gewohnheiten; wie geht man mit den in der heutigen Zeit vorhandenen Medien wie Computern, Computerspielen und Fernsehen um? Wie bereitet man das Kind auf den Umgang mit anderen Kindern vor? Was ist gesunde Ernährung?

Die Fragen nehmen in dem Maße zu, in dem man sich darauf besinnt. Doch die Hauptfrage, die Frage, die nicht übergangen werden kann, ist: Was ist eigentlich ein Kind? Warum ist es nicht so etwas wie ein Lamm, ein Kalb, ein Fohlen – sondern ... ein *Kind?* Warum reicht der natürliche Instinkt des Kindes und der Eltern nicht aus, um zu einer ‚guten‘ Erziehung zu kommen? Die Antwort auf diese Frage ist entscheidend für alle anderen Antworten. Darum werde ich dieser ersten Frage viel Aufmerksamkeit widmen. Die Antwort ist entscheidend, auch für den Leser. Denn wenn der Leser diese Antwort nicht mitdenken, miterleben kann, ist der Sinn der übrigen pädagogischen Einsichten bezweifelbar.

Ich will auf der Suche nach einer Antwort auf diese fundamentale Frage nach dem Wesen des Kindes *nicht* von irgendeinem Glauben, einer Weltanschauung, einer religiösen Überzeugung ausgehen. Ich will versuchen, den normalen, gesunden Menschenverstand für die Besinnung auf jenes große Rätsel – das Kind – zu wecken. Erst wenn wir darin sehr weit gegangen sind, werde ich mich der Quelle der Weisheit in Bezug auf den Menschen zuwenden. Dies ist erst möglich, wenn wir uns davon überzeugt haben, dass wir nach einem solchen Brunnen suchen müssen.

Es ist etwas Geduld notwendig. Das Bedürfnis nach Rat im Erziehungsprozess kann nicht unmittelbar befriedigt werden. Wir müssen uns vorbereiten, uns intensiv besinnen, lernen, gut hinzusehen und hinzuhören, so genau wie möglich die aufsteigenden Fragen wahrzunehmen. Obwohl das Rätsel nur noch größer zu werden scheint, werden wir dennoch merken, dass gerade dieses wachsende Rätsel die Antwort *ist*. So werden wir mit Geduld zu der richtigen Stimmung kommen, die wir für unsere Suche brauchen.

Dieses Buch ist für Eltern und Erzieher von Säuglingen, Kleinkindern und Kindern im Kindergartenalter geschrieben. Auch Erzieherinnen in Kinderkrippen und Kindergärten können darin Vieles finden, was sie für ihre tägliche Arbeit brauchen.

Ich selbst habe als Kind in Bezug auf die Erziehung ein Naturtalent als Mutter gehabt. Sie besaß nicht viele Kenntnisse, sie *wusste* sehr viel. Fassungslos sah sie sich um und sagte: Für *alles* auf dieser Welt braucht man ein Diplom

– aber Kinder kriegen, das darf jeder... Das war nicht kritisch gemeint, sondern aufrichtig verwundert. In diesem Ausspruch lebt wirklich das ganze Rätsel rund um die Erziehung.

SEXUALITÄT, BEFRUCHTUNG, SCHWANGERSCHAFT

Unser ganzer Bewusstseinsprozess – und damit unser Erkenntnisvermögen – verläuft immer globaler, zusammenfassender, strukturierender. Der Computer suggeriert uns, dass sich die kompliziertesten Fragen durch Aneinanderreihung genügend vieler Unterfragen beantworten ließen, die jeweils nur zwei mögliche Antworten haben: Ja oder nein, 1 oder 0. Rasendschnell werden diese Reihen durchlaufen, und die Antwort auf die Hauptfrage kommt zum Vorschein.

Unser Gehirn scheint genau in dieser Weise zu funktionieren, sei es auch sehr viel weniger perfekt und schnell. Und weil wir uns immer mehr an diesen Intelligenzprozess gewöhnen, ruht unser erkennender Blick immer weniger auf der ‚Schwachstelle' dieser glänzenden Intelligenz, nämlich auf der Antwort ‚ich weiß es nicht' oder ‚nicht ja und nicht nein' oder ‚es liegt irgendwo zwischen 0 und 1 oder vielleicht sogar ganz außerhalb'.

Doch diese Schwachstelle kann scheinbar keine Wissenschaft sein, und so haben wir immer mehr die Überzeugung gewonnen, ‚exakt' bedeute ein sicheres Ja oder ein sicheres Nein – bis das Gegenteil bewiesen ist.

Globales Wissen kann auch populär sein, man findet es im Internet. In dieser Weise haben wir ein großes Stück Menschenkunde zur Verfügung. Ausgehend von diesem Menschenbild leben und urteilen wir.

Man nimmt eine (Internet-)Enzyklopädie und sucht: Sexualität. Wikipedia sagt:

‚Sexualität bedeutet: 1. Die Trennung in die Geschlechter Mann und Frau. 2. Bestimmte auf einen anderen Menschen gerichtete Gefühle und Handlungen körperlicher Art, die mit Lust und Erregung einhergehen und aus dem Geschlechtstrieb entspringen.

Sexualität ist bedeutsam für die Fortpflanzung, die Festigung einer Beziehung zwischen Personen und nicht zuletzt für das Erleben von Genuss, zum Beispiel beim Geschlechtsverkehr.'

Und so geht es dann weiter. Es ist deutlich, dass dies mehr eine Beschreibung ist als wirklich eine Übertragung von Einsicht in das, was Sexualität nun eigentlich ist.

Hier interessiert uns die Sexualität in Zusammenhang mit der Fortpflanzung. Wir wollen uns erst einmal genau umschauen, auch auf uns selbst schauen, und uns auf das besinnen, was wir hierüber wissen und verstehen und was nicht.

Das Allererste, was uns doch wohl auffallen muss, ist der Unterschied zwischen purer Sexualität aus Lust und Begierde und Sexualität in Zusammenhang mit Liebe zwischen zwei Menschen.

Die sexuelle Lust scheint ganz instinktgebunden zu sein und entspricht in diesem Sinne dem Paarungstrieb bei den Tieren. Nur ist im Tierreich ein ausschließlich natürlicher Instinkt wirksam, während der Mensch die Lust kultivieren, stimulieren, hochtreiben kann. Auch ein solcher sexueller Kontakt kann natürlich zu einer Befruchtung führen, aber heutzutage braucht das aufgrund der nahezu perfekt wirksamen Antikonzeptiva nicht mehr zu geschehen.

Weil ich mich in diesem Buch beschränken muss, sehen wir von der Beschreibung dieser Form der Sexualität ab und wenden uns der Sexualität im Zusammenhang mit einem Kinderwunsch, der mit Liebe verbundenen Sexualität zu. Wir sehen hierbei auch von einem Kinderwunsch in homosexuellen Beziehungen ab – nicht aus Diskriminierung, sondern aus der Notwendigkeit einer Beschränkung auf das mehr Allgemeine.

Ein Junge und ein Mädchen begegnen einander. Ein Mann und eine Frau begegnen einander. Die Frau ist schon vielen Männern begegnet, der Junge schon vielen Mädchen ... und so weiter. Zuerst ist es einfach eine Begegnung oder eine Reihe von Begegnungen zwischen zwei Menschen. Doch dann geschieht etwas. Es springt etwas über, Amor kommt mit seinen Pfeilen und trifft die beiden Herzen. Und dann geschieht etwas, was nicht in das Reich von 0 und 1, in das Reich des Rationalen und Übersichtlichen, des Begreiflichen und Übertragbaren gehört. Plötzlich sieht das Mädchen in dem Jungen etwas, was *niemand* sieht und was doch wirklich da ist. Der Junge ist der hübscheste, tollste, attraktivste, geistigste, intelligenteste usw. ... Mensch, den es auf Erden gibt. Und in dieses vollkommen ungewöhnliche Licht hüllt sich auch die ganze Welt, die Jahreszeit, die Musik im Radio, der Film im Fernsehen, ja selbst die Vorlesungen in der Uni. Noch wunderbarer wird es, wenn es auch dem Jungen mit dem Mädchen so geht. Das Pärchen scheint über den Trott des Alltags hinausgehoben. Jede Minute steht im Zeichen des Anderen. Entweder Seligkeit des Zusammenseins oder Bitterkeit der Sehnsucht... Es ist etwas zwischen diesen beiden, was nur zwischen diesen beiden sein kann. ‚Es ist die Chemie', sagt der moderne Mensch. Aber was *ist* das dann, diese Chemie? Vielleicht meint man, dass es eine rein körperliche Bezauberung sei ... aber bei ‚hässlichen' Menschen gibt es dies auch. Wie oft sieht man nicht eine wunderschöne Frau mit einem überhaupt nicht schönen, nicht einmal charmanten Mann – und umgekehrt?

Es geht hier um ein bestimmtes ‚Etwas', das sich nicht zwingen lässt, das einfach so zwischen Menschen zu geschehen scheint, das Menschen zusammenbringt und zusammenhält, oft ein Leben lang. Man kann es nicht durch eine Blutuntersuchung feststellen. Vielleicht lassen sich veränderte Funktionsmuster im Gehirn finden – doch diese sind dann gewiss Folge und nicht Ursache dieses Mysteriums.

Als junge Eltern kann man einmal zurückdenken an diesen Zauber der Verliebtheit, der die Grundlage dafür ist, dass man Kinder hat.

Nun, vielleicht war alles nicht so romantisch, hat man keine heftige Verliebtheit gekannt. Dann kann man sich trotzdem noch einmal auf seine Wahl des Partners, auf die Essenz des Zusammenleben(-Wollen)s mit ihm oder ihr besinnen. Man versuche, dasjenige in die Erinnerung zu holen, was *nicht* rational ist, nicht zu messen, nicht zu wiegen ist, die guten Momente, die Vertrautheit, die Bekanntheit.

Wir müssen bei unserer Betrachtung vor allem versuchen, auf die allgemein menschlichen Prozesse zu schauen – das heißt, wir wollen uns darauf beschränken. So kann es zum Beispiel sein, dass die Erinnerungen an die Verliebtheit sich mit dem Schmerz der späteren Entfremdung, vielleicht sogar der Scheidung oder des Todes des Partners mischen. Das färbt die Erinnerungen. Wir müssen dann versuchen, das charakteristische, Allgemein-Menschliche der Verliebtheit, der Anziehung zwischen zwei *Menschen*, festzuhalten. Diese Anziehung geht über den natürlichen Instinkt hinaus.

Wenn man *Kinder* verstehen will, ist es von größter Wichtigkeit, sich auf dieses rein Menschliche in der Anziehungskraft zu besinnen. Sex kann man möglicherweise mit vielen Partnern haben und sogar genießen. Verliebtheit ist etwas Exklusives, etwas, das auf einzigartige Weise ein Band zwischen zwei Menschen bildet, ja sogar die Art dieses *Bandes* ist einzigartig.

Diese Liebe zwischen einem Mann und einer Frau, gerade

16

dieser Frau und *diesem* Mann, ist Thema größter Kunstwerke. Man denke an Ovids Pyramus und Thisbe, an Shakespeares Romeo und Julia, an Goethes Faust und Gretchen, an die Filmdramen der modernen Zeit. Die Oper ist ganz überwiegend Ausdruck solcher Liebesdramatik. Aber auch im wirklichen Leben bekannter Menschen spielen sich diese Liebesdramen ab. Der romantische Dichter Novalis (Friedrich von Hardenberg, 1772-1801) kommt der romantischen Verliebtheit, die zugleich idealistisch sexuell ist, in seinem Werk vielleicht am nächsten. In seinem eigenen Leben ist die Verlobung mit Sophie von Kühn, einem zwölfjährigen Mädchen, das nach einigen Jahren stirbt, die Grundlage für seine magisch-idealistischen Beschreibungen der ‚Jungfrau‘.

‚Das schöne Geheimnis der Jungfrau, das sie eben so unaussprechlich anziehend macht, ist das Vorgefühl der Mutterschaft, die Ahndung einer künftigen Welt, die in ihr schlummert, und sich aus ihr entwickeln soll. Sie ist das treffendste Ebenbild der Zukunft.‘[1]

Wir wollen daraus eine *erste* Übung machen, eine Übung auf dem Pfad echter Erziehungskunst:

Man besinne sich auf die beginnende Beziehung mit seinem Partner, mit dem man ein Kind (oder mehrere Kinder) hat. Man hole die ersten Begegnungen in die Erinnerung und versuche von neuem zu erleben, wie es zwischen dem Anderen und einem selbst war (ist), so rein und positiv wie möglich.

Eine Verliebtheit, die so kräftig ist, dass sie schließlich zu gemeinsamen Kindern führt, beruht zugleich auf kör-

---

[1] Novalis, Aufzeichnungen 1798, in: Novalis und die Liebe, Insel Verlag.

perlicher Anziehungskraft, doch das ist nicht das Ausschließliche. Wenn man auf diese Zeit der Verliebtheit zurückschaut, empfindet man viele andere Facetten dieser Anziehungskraft. Aber das körperliche Verlangen ist doch sehr stark und bringt dieses sexuelle Verhältnis in Gang, das die Grundlage für Befruchtung, Schwangerschaft und das Kinderhaben ist.

Auch hierin, in der rein körperlichen Seite der Verliebtheit, kann man das *Einzigartige* entdecken, indem man sich daran erinnert und es eventuell mit anderen Kontakten vergleicht.

Das, was ,Chemie' genannt wird, ist eine einzigartige Reaktion zwischen beiden Partnern, mit einer unendlichen Verschiedenheit kleiner Details, von Merkmalen dieses Einzigartigen. Es entsteht ein sehr eigenes, intim charakteristisches Zusammenleben. Niemand hat hier Zugang – selbst wenn man als Mann einen ganzen Harem hätte; auch dann noch ist der Charakter der Intimität einzigartig, absolut nicht nachzuahmen. Es entsteht mehr als eine einfache Aufzählung oder Vervielfachung der Eigenschaften, es entsteht etwas, was das Paar umgibt, umhüllt, begleitet, eine Sphäre, eine ,Aura'. Das kann man auch bei Anderen wiedererkennen. Man schaue einmal auf frisch verliebte Paare. Sie ,schließen sich ab' in etwas, dem man nicht nahekommen kann. Auch in unserer Zeit der Freiheit in der Beziehung ist das so. Es geht nicht darum, dass die beiden den ganzen Tag und die ganze Nacht zusammen sind. Sie gehen vielleicht extrem ihren eigenen Weg. Und doch ... umgibt sie etwas Einzigartiges, das nur *ihnen* gehört.

Das ist eine *zweite* Übung auf dem Weg zur Erziehungskunst.

Man besinne sich auf die einzigartige Sphäre zwischen zwei Verliebten, die ein sexuelles Verhältnis beginnen. Man versuche, sich dies in seiner eigenen Beziehung in Erinnerung zu rufen, und schaue auf das, was davon noch immer wirksam ist. Man stelle sich vor, wie das bei anderen ist, und versuche einmal, sich ein Bild davon zu machen.

Die Frage muss entstehen: Woher kommt diese einzigartige Sphäre? Androgene, Testosteron, Östrogen, Progesteron; Hypophyse, Eierstock, Hoden? Der bloß instinkthafte Teil könnte daraus vielleicht erklärt werden, eventuell auch noch ein Teil der bloßen Lust und des Genusses. Doch das ist weit entfernt von allem Einzigartigen, es ist sogar das Gewöhnlichste, was es zwischen den Geschlechtern gibt. Das fein Differenzierte, das Einzigartige, was *nur* zwischen diesem einen Jungen und diesem einen Mädchen, dieser einen Frau und diesem einen Mann auftreten kann – das lässt sich nicht in Hormonen und physischen Organen einfangen. Im Tierreich ist dies noch möglich, da sieht man einen bloß natürlichen Paarungsprozess, und die ‚Sphäre‘ ist insofern einzigartig, als sie sich je nach Tierart unterscheidet. Doch diese einzigartige Romantik, dieses fein differenzierte Sphären-Geschehen, ist etwas Unerklärliches, etwas rein Menschliches.

Man kann sehr viel dagegen einwenden. Wenn man jedoch seinen eigenen Einwänden aufmerksam zusieht, wird man sehen, dass ein unerklärliches Stück Eigenheit bleibt, das sich nicht wegdenken lässt.

Wir halten hier inne, geben keine Erklärungen, und setzen unsere Besinnung fort.

Über die Befruchtung wissen wir sehr viel, angefangen von dem Wissen aus der sexuellen Aufklärung und dem Beipackzettel der ‚Pille‘ bis zum hoch ‚technischen‘ biologischen bzw. biochemischen Wissen über die RNA und DNA und der Wahrscheinlichkeitsrechnung in der Vererbungslehre.

Wir wollen einige Aspekte einmal näher betrachten.

Im weiblichen Körper werden die Geschlechtszellen (Ei-

21

zellen) in einem wunderbaren Rhythmus abgegeben, in einem Zyklus von 28 Tagen. Ungefähr in der Mitte von zwei Menstruationen liegt die Freisetzung einer Eizelle, die aus dem Ovar (Eierstock) über den Eileiter zum Uterus (Gebärmutter) transportiert wird, wo die Befruchtung, die Einnistung und die embryonale und fötale Entwicklung stattfinden können.

Die medizinische Technik hat es so weit gebracht, dass sie diesen Zyklus mit Hilfe chemisch nachgebildeter Hormone (Östrogen und Gestagen/Progesteron) so imitieren kann, dass der Eierstock nicht mehr ‚weiß', dass eine Eizelle abgegeben werden muss – es entsteht eine chemische Unfruchtbarkeit. Wird die Einnahme der Pille unterbrochen, tritt innerhalb einiger Tage eine Blutung auf, eine Imitations-Menstruation. Man könnte auch ohne Unterbrechung einfach weiter die Pille nehmen, es würden keine Blutungen mehr kommen. In den siebziger Jahren hörte ich, wie Prof. Kloosterman, Professor für Gynäkologie und Geburtshilfe an der Universität von Amsterdam, in einer Vorlesung sagte: ‚Dass wir diese Entzugsblutungen auftreten lassen, ist eine Konzession an die Tatsache, dass wir psychisch an den Stand des Mondes gebunden sind.'

Es hörte sich etwas spöttisch an, diese Gebundenheit des Menschen an den Stand des Mondes. Doch Tatsache ist, dass der Mond einen Zyklus von 28 Tagen hat, nur der Februar ist also ein echter Mond-Monat. Im Verlauf von 28 Tagen wird der Mond immer wieder von neuem halb voll, Vollmond, abnehmender Mond und Neumond. Obwohl es nicht so ist, dass der Zyklus einer Frau damit zusammenfällt (das würde z.B. bedeuten, dass alle Frauen bei Neumond menstruieren würden), dauert auch dieser Zyklus ungefähr 28 Tage. Eine Schwangerschaft dauert zehn Mondmonate, also ungefähr 280 Tage, das sind etwas mehr als neun Monate. Es ist doch zumindest ein *Erleben* wert, dass im weiblichen menschlichen Organismus ein Mondenrhythmus herrscht, der sich zwar vom äußeren Mondenrhythmus emanzipiert hat, in sich diesen Rhythmus aber dennoch fortsetzt.

Weiterhin ist es einer Besinnung wert, dass bei der Frau diese Fruchtbarkeitsphase, die mit der Pubertät beginnt, im vollen Leben ein Ende findet, durchschnittlich um das fünfzigste Lebensjahr herum. Es findet ein ‚Übergang' zu einer Phase statt, in der die Geschlechtsorgane zur Ruhe kommen, ihre Funktion verlieren – obwohl dies auf die Lust am Sex keinen Einfluss hat oder zu haben braucht.

Wenn man nun alle wissenschaftlichen Kenntnisse und Erklärungen – obwohl man sie hundertprozentig ernst nimmt – einmal beiseite lässt und sich ein Bild von einem solchen Leib eines Mädchens macht, in dem das Ovar ohne jegliches Kommando, plötzlich, in einem reinen Rhythmus alle 28 Tage eine Eizelle ‚springen' lässt, die dann durch die Bauchhöhle bis zum Eileiter wandert, dann kann man sich über diese Erscheinung doch verwundern? Der monatliche ‚Eisprung' beginnt im jungen Mädchenleib und setzt sich rhythmisch fort, jahrein, jahraus. Nur unterbrochen durch die Einnahme der Pille und die Schwangerschaft geht dies weiter bis etwa zum fünfzigsten Lebensjahr – und hört dann ohne Einwirkung von außen auf, ganz plötzlich oder allmählich.

Man stelle dem nun einmal die männliche Fruchtbarkeit gegenüber. Im Körper des Jungen beginnt ebenfalls in der Pubertät die Produktion von Samenzellen. Dies geschieht in den Hoden, die im Skrotum liegen, mehr oder weniger ‚außerhalb' des Leibes. Nicht *eine* Zelle alle 28 Tage, durch etwa 35 Jahre hindurch, wird dort produziert, sondern Millionen und Abermillionen. Und konstant geht dies weiter, bis ins hohe Alter. Es wird etwas weniger werden, auch etwas weniger vital, doch es gibt keine zu erwartende Ruhephase. Ein unvorstellbarer Überschuss entsteht hier, um diese *eine* Eizelle befruchten zu können, die ‚darauf wartet'.

23

Wenn man es so pur leiblich betrachtet, kann man nie mehr behaupten, Männer und Frauen seien ‚gleich'. Gleichheit kann auf anderen Gebieten liegen – körperlich ist, zumindest auf geschlechtlichem Gebiet, kaum ein größerer Unterschied denkbar. Bei der Frau tickt eine Uhr nach dem Mondenrhythmus, gibt in äußerst bewahrender Sparsamkeit *eine* kostbare Eizelle ab; beim Mann finden wir absolute Rhythmuslosigkeit, Maßlosigkeit, notwendige Verschwendung, Übermaß, Kraftexplosion...

Die ganze Emanzipationsbewegung der Frauen ist vollkommen unlogisch und unwissenschaftlich, wenn man nur den Körper als Realität annimmt und alle andere Realität – wie Psyche und Geist – abweist. Dann muss man auch konsequent sein und zugeben, dass der Unterschied zwischen Männern und Frauen riesig ist, unüberbrückbar. Wenn *nur* der Körper die Grundlage für Bewusstwerdungen wie psychische und mentale Prozesse wäre, dann würden sich diese ebenso stark voneinander unterscheiden und unüberwindlich sein. So, wie das Mädchen nicht durch ihren Willen dazu übergehen kann, Millionen von Eizellen zu produzieren, und der Junge nicht rhythmisch alle 28 Tage *eine* Samenzelle springen lassen kann, so würden der Charakter und die psychisch-mentalen Funktionen bei Mädchen zwingend ‚hysterisch' sein (das Wort kommt von dem griechischen ὕστερος, Uterus bzw. Gebärmutter), und Jungen könnten nicht anders, als ‚Machos' zu sein, männliche Tiere, die nur wild sein können.

Als dritte Übung schlage ich vor, einmal eine lebendige Vorstellung des oben beschriebenen Geschehens in den Reproduktionsorganen, dem Ovar und den Testikeln bzw. Hoden, zu formen.

Dann gehen wir über zur Zellteilung der Geschlechtszellen, zur Meiose. Das ‚technische' Wissen darüber ist überall zu finden. Zellen müssen sich teilen, um sich zu

24

vervielfältigen. Die gewöhnliche Zellteilung (Mitose) sorgt für identische Tochterzellen. Die Meiose ist die Zellteilung von Geschlechtszellen, also von Eizellen und Samenzellen.

Alle Zellen teilen sich gemäß der Mitose, wodurch aus einer Zelle mit 23 Chromosomenpaaren zwei neue, identische Zellen mit 23 Chromosomenpaaren entstehen. Die Zellteilung von Geschlechtszellen heißt Meiose und tritt als Vorbereitung für die Befruchtung auf. Hier werden die Chromosomenpaare voneinander getrennt und teilen sich auf zwei neue Zellen auf, die dann jeweils 23 *einzelne* Chromosomen enthalten. *Diese* Geschlechtszellen sind dann bereit für die Befruchtung, wobei durch die Verschmelzung wieder 23 Chromosomenpaare entstehen, zur Hälfte von der Samenzelle und zur Hälfte von der Eizelle stammend.

Die Geschlechtszellen selbst haben ihr Erbmaterial jeweils aus dem Körper, in dem sie hervorgebracht wurden. *Dieses* Erbmaterial besteht auch wiederum je zur Hälfte aus dem Erbmaterial des eigenen Vaters und der eigenen Mutter.

Ich beschreibe es noch einmal: Es geht um die Chromosomen, die Träger des Erbmaterials. Diese kommen paarweise vor, die eine Hälfte kommt von der eigenen Mutter, also dem einen Elternteil, die andere Hälfte von dem eigenen Vater. Diese Chromosomenpaare trennen sich nun bei der Meiose, die eine Hälfte kommt in die eine Tochterzelle, die andere in die andere Tochterzelle, jedoch *nicht* so, dass dies gleichmäßig verliefe. Es ist also nicht so, dass alle väterlichen Chromosomen in die eine, alle mütterlichen in die andere neue Zelle kämen. Laut der Wissenschaft kommt die Verteilung ganz *zufällig* zustande. Zudem gibt es ein ‚Crossing-over'-Phänomen, das heißt, dass korrespondierende *Teile* von Chromosomen ihre Plätze tauschen. Dadurch erhalten auch die einzelnen Chromosomen ein neues, einzigartiges Muster. Ganz zufällig, wie die Wissenschaft sagt.

Nun verlangt auch dieses Phänomen eine tiefere Besinnung.

In zunehmendem Maße wird der menschliche Leib in seiner Komplexität mit dem komplizierten, aber exakt verlaufenden Prozess der künstlichen Intelligenz, der Informationstechnologie verglichen. Hier jedoch ist etwas Wichtiges zu lernen. Auch wenn man kein Techniker ist, kennt man den Computer im Gebrauch. Vor allem kennt man die Probleme, die entstehen können; man kommt nicht auf eine Internetseite, oder man kommt nicht weiter, der Prozess hakt, liefert falsche Resultate und so weiter. Die technischen Möglichkeiten sind enorm, aber der Ärger über die Widerstände ebenso. Wenn man jedoch genau darauf achtet, gibt es immer nur *eine* Ursache für das falsche Funktionieren: man *selbst* hat einen Fehler gemacht. Ein verkehrter Buchstabe, ein falsches Zeichen, die Feststelltaste, die falsche Schreibweise und so weiter – und wenn man Techniker ist: Programmierfehler und die ganzen Folgen dessen, wodurch ein Programm falsch läuft, nicht arbeitet, ‚eigensinnig‘ erscheint und so weiter. Zufall existiert hier nur, insoweit er programmiert wird. Letztendlich ist sogar zu erwarten, dass es Apparate geben wird, die so programmiert sind, dass sie sich selbst weiter programmieren können. Doch wichtig ist, nie zu vergessen, dass es einen Programmierer gibt oder gab, der an der Wiege eines solchen Apparates stand.

In der menschlichen Natur soll dies nun auf einmal vollkommen anders sein? Weil wir hier keinen Programmierer kennen, sagen wir in diesem Fall ‚wissenschaftlich fundiert‘, die Verteilung der Chromosomen und ihrer Teile sei purer Zufall – es sei also Glück oder Pech, dass jemand diese oder jene erbliche Konstellation habe. Es gibt einen Vater, ein vollständiges menschliches Wesen, und es gibt eine Mutter, ebenfalls ein vollständiges menschliches Wesen. In der Tiefe dieses finsteren, verhüllten Organismus teilen sich die Geschlechtszellen, eine bei der Mutter, Millionen beim Vater. *Wie* die Verteilung geschieht, ist purer Zufall. Welche dieser Millionen Samenzellen diese eine Eizelle befruchtet, ist auch purer Zufall. So ähnlich wie beim Lotto. Man wirft eine Anzahl nummerierter Bälle in einen Trichter, und *ein* Ball kommt heraus: Das Los ist auf ihn gefallen. ‚Nur *ein* Spermatozoon genügt.', sagte unser Professor der Embryologie, um die männlichen Studenten auf ihre gewaltige Fruchtbarkeit aufmerksam zu machen. Aber alles ist Zufall, Pech oder Glück, der Eingriff einer launenhaften Natur.

Jenes eine, absolut unersetzliche Kind, jenes Menschenkind, das schließlich als das eigene Kind geboren wird, würde also in jener absoluten Einzigartigkeit auf purem Zufall beruhen. Ein Glücksspiel. Warum sollte man *so sehr* an gerade diesem sehr Spezifischen *seines* Kindes hängen, warum sollte man eine solche Anhänglichkeit empfinden?

Wenn wir wirklich selbstverständliche, gute Erzieher werden wollen, ist es notwendig, sich darauf intensiv zu besinnen. Es muss eine vierte Übung werden: Wenn wir den menschlichen Organismus in der Zellteilung der Geschlechtszellen betrachten, können wir versuchen, zu *erleben*, wie unsinnig die Schlussfolgerung ‚Zufall' ist. Wir können lernen, zu erleben, wie in diesem komplexen Prozess etwas wirksam ist, was zielgerichtet ist, was auf die Konzeption gerade *dieses* einen Menschenkindes hinarbeitet. Man kann lernen, zu ahnen, wie auch hier eine ‚Hand' lenkend einwirkt, äußerlich als Zufall erscheinend, in Wirklichkeit aber ganz und gar nicht zufällig. Wessen Hand das ist, werden wir noch entdecken. Hier geht es darum, *fühlen* zu lernen, wie unlogisch das Konzept ‚Zufall' ist, während es sich in der Technik immer wieder zeigt, dass alles, was als Zufall erscheint, auf der Hand dessen beruht, der die Technik benutzt.

Nun sind wir soweit, dass wir einen besinnenden Blick auf die Schwangerschaft werfen können.

Die tatsächliche Befruchtung erscheint von außen gesehen ebenfalls wie ein Zufall. Zufällig ist da eine lebende Eizelle, die eine der vielen lebenden Samenzellen in sich aufnimmt, wodurch sich zufällig hier, in diesem Moment, die genetische Ausstattung bildet. Dann beginnt die Einnistung in die Schleimhaut der Gebärmutter, und der wundersame Prozess von Wachstum und Gestaltung nimmt seinen Anfang.

Gibt es etwas auf der Welt, was mehr Verwunderung und Ehrfurcht wecken könnte als dieser, fern der weltlichen Hektik im Verborgenen ablaufende, in das Unbewusste gehüllte, tief im Mutterschoß geborgene Entwicklungsprozess der befruchteten Eizelle zum voll ausgetragenen Kind, zum Baby?

Vom Standpunkt der Nüchternheit aus könnte man sagen: Das ist im Tierreich, bei den Säugetieren, auch der Fall. Doch dies ist ein Mangel an genauer Wahrnehmung, an genauem Denken und Erleben, die bei dieser Nüchternheit zu einem globalen Relativieren werden. Wir wollen einmal genau wahrnehmen.

Die Schwangerschaft ist eine in körperlicher Hinsicht ganz und gar weibliche Angelegenheit. Der künftige Vater ist Zuschauer, die künftige Mutter trägt den Prozess, trägt die Frucht, stellt ihren Leib zur Verfügung, ohne zu wissen, wie alles tief verborgen abläuft. Moderne technische Mittel (zum Beispiel die Echographie) geben eine Momentaufnahme davon wieder. Der Prozess selbst kann nicht verfolgt werden, allenfalls in Serien von Momentaufnahmen. Eigentlich ist es merkwürdig, dass die moderne selbstbewusste, emanzipierte Frau, die alles durchschauen will, es noch ertragen kann, dass da ein fremder Leib in ihr wächst. Doch so weit geht der Drang, alles wissen und kontrollieren zu können, (noch) nicht. Im Verborgenen spielt sich alles ab, die Gebärmutter ist ein verschlossenes Heiligtum, zu dem kein menschliches Bewusstsein Zugang hat.

Man denke einmal an die Katze, die trächtig ist. Sie trägt auch ein Wunder in sich. Doch wenn man sich den Unterschied zu einer menschlichen Schwangerschaft vor Augen führt, ist daran doch auch wiederum sehr vieles Eindrückliche zu erleben. Eine Katze trägt gewöhnlich mehrere Junge aus, gebiert eine Mehrzahl von Jungen, die sich nur leicht voneinander unterscheiden. Unmittelbar nach der Geburt sind sie eigentlich schon völlig entwickelt, wenn auch noch sehr zart. Sie haben die volle Beherrschung über ihre kleinen Körper, und sie wachsen zwar nicht zu völlig identischen Katzen und Katern heran, aber zu mehr oder weniger gleichen Exemplaren ihrer Art. Die Mutterkatze macht alles instinktiv. Es ist zwar ein Bewusstsein da, aber es gibt kein Bewusstsein dieses Bewusstseins, alles wird vollkommen vom Instinkt geleitet.

Ein Mensch, eine schwangere Frau, trägt im Allgemeinen nur *eine* Frucht, bringt einen, manchmal zwei oder mehr Nachkommen zur Welt, die jedoch absolut einzigartig sind. Die eineiigen Zwillinge lassen wir als Ausnahme außer Betracht. Es wird also ein Menschenkind geboren, das körperlich zwar nicht so einzigartig zu sein scheint, das jedoch schnell eine Eigenheit offenbaren wird, die im Tierreich nur zwischen verschiedenen Tierarten, etwa zwischen Katze und Hund, Maus und Kaninchen, vorkommt. Beim Menschen ist das Neugeborene noch vollkommen ohnmächtig und von der Umgebung abhängig. Die Entwicklung geht nach der Geburt noch immer weiter, von einer unmittelbaren Beherrschung des Körpers kann keine Rede sein. Das Kind bewegt sich viel, doch es macht Bewegungen, die nicht darauf gerichtet sind, selbstständig zurechtzukommen.

Die Mutter macht keineswegs alles instinktiv. Sie braucht in zunehmendem Maße Rat, von anderen Müttern, von

Beratungsstellen, aus Zeitschriften und Büchern. Sie ist zwar klar bewusst und hat auch ein volles Bewusstsein dessen, erscheint jedoch fast ebenso ohnmächtig wie ihr Baby. Natürlich *ist* Instinkt vorhanden, doch gerade das klare Bewusstsein bringt den fortwährenden Zweifel. Soll man es so machen oder so?

Dies ist die *fünfte* Besinnungsübung: Wir versuchen, uns die menschliche Schwangerschaft und das geborene Kind sehr genau vorzustellen, um uns demgegenüber dann eine tierische Schwangerschaft und die geborenen Jungen vorzustellen.

So haben wir dann fünf Bilder geformt, so klar und detailliert wie möglich, und haben versucht, diese Bilder zu erleben:

- Die beginnende Beziehung mit dem Partner, die positiven Seiten in den Begegnungen.
- Die einzigartige Sphäre zwischen zwei Verliebten, die Anziehungskraft (nicht nur sexuell) und die spezifische Wirkung dieser Sphäre.
- Der Unterschied zwischen dem Funktionieren der Reproduktionsorgane bei Mann und Frau.
- Die Teilung der Geschlechtszellen, die Verteilung der Erbinformation. Zufall oder Führung?
- Der Unterschied zwischen der Schwangerschaft und den Jungen bei einem Säugetier und der Schwangerschaft und dem Neugeborenen bei einem Menschen.

Wenn dies gelingt, wenn man diese Vorstellungen intensiv bilden kann (man kann sie natürlich immer weiter ausbreiten, vervollkommnen), dann kommt man zu tiefen Fragen und Entdeckungen. Ich werde hier einen Versuch machen, etwas davon wiederzugeben.

DER URSPRUNG EINES KINDES

Es ist nicht möglich, Menschen davon zu überzeugen, dass ein Menschenkind *mehr* ist als eine wunderbare Naturerscheinung mit zufälligen Merkmalen, wenn man als Grundlage nur die Vererbung von Eltern und Vorfahren nimmt. Es ist ein sinnloses Unterfangen. Wohl aber hat es Sinn, Wege anzugeben, die eine Bestätigung dessen geben können, was jemand im Grunde längst ahnte; oder die eine hartnäckige materialistisch-naturalistische Überzeugung ins Wanken bringen können. Der Mensch muss schließlich *sich selbst* überzeugen, das ist das Einzige, was wirklich effektiv ist. Doch dies kann nur durch ein aktives und genaues Betrachten geschehen.

Im vorigen Kapitel wurden Ideen gegeben, mit denen man seinen Blick gerade dorthin richten kann, wo eine geistige Welt in die irdische, natürliche Welt ‚hineinschimmert'. Wo man zarte Lichtstrahlen davon auffangen kann, wenn man auf das Rätselhafte, das Unerklärliche, das Imponderable, Unsichtbare, Unbegreifliche schaut.

Menschen begegnen einander und werden Freunde oder bleiben einander gleichgültig. Es kann aber auch der Blitz einschlagen, oder es kann ein vorsichtigeres, allmähliches Liebesband entstehen. So, wie das Crossing-over bestimmter Chromosomenteile völlig zufällig zu sein scheint, so scheint auch die Liebe zufällig einzuschlagen oder langsam aufzublühen.

Das kann man nur *wirklich* meinen, wenn man die Sache allzu schnell zu Ende denkt und alle Gefühle, die in einem aufsteigen und dem Zufall widersprechen, unterdrückt oder nicht beachtet. Jeder kennt doch wohl das Gefühl, dass er jemanden bei der ersten Begegnung längst kennen würde? Warum sollte ein solches Gefühl Unsinn sein?

Und die Romantik, die aufblüht? Warum sollte es nicht *wahr* sein, dass dies mehr ist als hormonale Wellen?

Wie gesagt muss sich jeder selbst überzeugen. Doch wenn man die erste und zweite Besinnung – auf die zarten Begegnungen mit dem Partner und die sich entwickelnde Sphäre – noch einmal sehr intensiv vollzieht, wird man das Imponderable, Irrationale darin würdigen lernen und es immer mehr als eine Art ‚Gefühlsbett' erleben können, in dem die Begegnung stattfindet, die auf einer Vergangenheit beruht – während man diese gemeinsame Vergangenheit scheinbar noch gar nicht hat – und zugleich gleichsam aus der Zukunft in die Gegenwart hineinstrahlt. Wenn man sich miteinander verbindet, Liebe zueinander fasst, die bis ins Körperliche reicht, und man – ohne dass man das wissen kann – viele Jahre gemeinsam miteinander verbringen wird, Kinder bekommt, Enkel ... sollte die Vorausschau darauf nicht unbewusst in einem wirken?

Wenn man sich verbindet und dieses Liebesband wächst, während man miteinander eine Vertrautheit empfindet, die nicht aus der *Gegenwart* kommen kann, sollte dann nicht eine gemeinsame Vergangenheit – lange, sehr lange zurückliegend – unbewusst in einem wirksam sein?

Man lebt in der Gegenwart, in einem Zusammenfließen von Vergangenheit und Zukunft, und man ist gemeinsam umhüllt von etwas, was Liebe heißt, was Romantik bringt und einen über den Alltag hinaushebt.

Kann man darin nicht die beginnende Sphäre erkennen lernen, in der sich einem die eigenen künftigen Kinder nähern? Es ist eine Sphäre, die die spätere Befruchtung und Schwangerschaft vorbereitet, ein Band, das zwischen zwei Menschen gebildet wird, auch weil man von menschlichen Wesen umgeben ist, die sich nach dem Erdenleben sehnen und die gerade *diesen* Vater und *diese* Mutter suchen.

Wenn man dies als einen lächerlichen Gedanken empfindet und dabei bleibt, dann ist dieses Buch für einen nicht geeignet. Denn dies ist erst der Anfang...

In älteren Zeiten, in denen die Wissenschaft noch nicht das Ziel gehabt hatte, alles Geistige für unmöglich zu erklären und dies zu beweisen, waren diese Gedanken noch allgemein akzeptiert. Man betrachte einmal die Sixtinische Madonna von Raffael, Maler zu Beginn des sechzehnten Jahrhunderts, der Renaissance[2]. Das Gemälde hängt in Dresden. Man sieht da die Madonna mit dem Kind und um sie herum unzählige schattenhafte Kinderköpfe – ein Blick in die geistige Welt, wo die Sehnsucht nach Menschwerdung auf Erden lebt.

Natürlich treten Befruchtungen auch in unmöglichen Umständen auf, im Extrem etwa bei einer Vergewaltigung, aber auch in problematischen Beziehungen. Das ist klar. Es ist nicht immer ideale romantische Liebe. Aber auch schlechte Sphären, schwierige Gefühle, können ein Bett für die Verkörperung von Menschen sein, die ein kompliziertes Schicksal haben oder viele Prüfungen suchen. Es geht darum, immer mehr die Idee gewahrwerden zu können, dass nicht nur die *Tatsache* der Verbindung zweier Partner, sondern auch das Imponderable, Irrationale, scheinbar Zufällige daran von größtem Belang ist. Dass diese Elemente eine übernatürliche Sphäre schaffen, in der die künftigen Kinder sich einem nähern.

Wenn man die Gewahrwerdung *dieser* Idee immer mehr in sich zulassen kann, wenn man sich darin übt, auf dieses Unerklärliche zu schauen, zu lauschen, darin zu leben, sich darin zu vertiefen, dann entwickelt man den richtigen

---

[2] Siehe Abbildung auf S. 35.

33

Respekt vor den Prozessen von Sexualität, Befruchtung, Schwangerschaft, Geburt, Erziehung. Dann ist es nicht mehr einfach eine Verabredung, dass man selbst *jetzt* Kinder will: die Verhütung beenden und ‚ans Werk'. Nicht nur eine technische Angelegenheit, die man bis zu einem gewissen Grade in der Hand hat und steuern kann. Es ist auch ein Mysterium, eine Liebestat zwischen zwei Menschen, aber mit Einwirkung, Mitwirkung des noch unbekannten Kindes – das dort in der geistigen Welt allmählich ‚Kind' wird. Von einem völligen Ausgebreitetsein im Kosmos hat es sich immer mehr zusammengezogen, hat den eigenen Mittelpunkt wiedergefunden, von der Quelle mit dem Wasser des Vergessens getrunken – so dass es als Kind die geistige Welt immer mehr vergessen kann, um zu jenem freien Erdenmenschen zu werden, der *so* frei ist, dass ein Unglaube an Gott und Geist möglich ist...

In der Besinnung auf die Funktion der Geschlechtsorgane wird deutlich, dass zwei Extreme sich darauf vorbereiten, sich miteinander zu verbinden. Wenn man sich etwas mehr in den wesenhaften Unterschied zwischen Kosmos und Erde vertieft hat, dann erlebt man in dem reinen, zurückgehaltenen Rhythmus des weiblichen Prozesses den kosmischen Aspekt und in dem explosiven Überschuss des Männlichen das rein Irdische.

Es ist, als ob sich bei jeder Befruchtung das griechische mythische Bild der Schöpfung wiederholen würde: Uranos (Himmel) und Gaia (Erde) verbinden sich miteinander. Interessant ist die Umkehrung: Es wird immer von Mutter Erde und Vater Himmel gesprochen. Doch die tiefe Natur des Weiblichen ist kosmisch, die des Männlichen irdisch. Wie das griechische Altertum sich dies vorstellte, kann wie folgt beschrieben werden:[3]

---

[3] Mieke Mosmuller, Prometheus, Occident 2010.

‚Der Schöpfer war gut, und in einem Guten entsteht niemals Neid, worauf sich derselbe auch immer beziehen könnte, und, weil frei von diesem, wollte er denn auch, daß alles ihm selbst so ähnlich als möglich werde. ... Da nämlich Gott wollte, daß, soweit es möglich, alles gut und nichts schlecht sei, da er aber alles, was sichtbar war, nicht in Ruhe, sondern in regelloser und ungeordneter Bewegung vorfand, so führte er es denn aus der Unordnung in die Ordnung hinüber, weil er der Ansicht war, daß dieser Zustand schlechthin besser als jener sei.'[4]

So schuf der gute, allumfassende Gott zuerst das Chaos. Im Chaos war alles durcheinander, ohne dass irgendein *Sinn* eingriff. Keine Gesetzmäßigkeiten, keine Regeln, aber ebenso wenig beherrschten Schönheit oder Hässlichkeit, Wahrheit oder Lüge, Gut oder Böse das Chaos. Chaos war in diesem Sinne eine gähnende Leere, obwohl die Leere mit einem bunten Durcheinander gefüllt war. Bedeutungslose Fülle war es, Sinn-Leere.

Da Bedeutungslosigkeit nur einen Sinn bekommen konnte, wenn die Sinnvollheit an sich eingriff, schuf die Sinnvollheit Ordnung im Chaos.

Aber Chaos konnte nur dann Sinnvollheit in sich aufnehmen, wenn es Leben bekam, und zugleich Gefühl und Verstand, sonst gliche es nur einer von außen bedienten Maschine oder einem programmierten Automaten. So gab Gott dem Chaos Leben, Seele und Geist, und aus dem Chaos ging Gaia hervor, die lebende, beseelte und durchgeistigte Erde. Im Gegensatz zu ihr entstand Tartaros, der finstere, unauslotbare Abgrund.

Doch in Gegensatz dazu entstand Eros, der die Kraft besaß, das ganze Götter- und Menschenreich entstehen zu lassen. Er bestand aus Liebe, und die Liebe hatte zwei

---

[4] Plato, Timaios.

37

Seiten. Die *sinnliche* Liebe war die Macht, die das eine aus dem anderen geboren werden ließ. Demgegenüber schenkte er auch die Liebe zum *Übersinnlichen* und das Vermögen, nach Schönheit und Güte zu streben. Bedachtsames Erwägen gab er den Geschöpfen, während seine Erscheinung Bild für die ewige Schönheit war. Ewig jung war seine Schönheit, ewig stark die Liebe...

Doch zugleich, im Gegensatz dazu, entstand die Finsternis, die dunkle Nacht, aus dem Chaos. Und weil das Chaos sich ordnete, schied das ordnungslose Chaos mit dem Entstehen der Finsternis als Gegensatz auch das Licht und den hellen Tag aus. Auch Finsternis und Licht waren *Wesen*, Erebos und Hemera. Aus der Vereinigung der Nacht mit der Finsternis gebar die Nacht die beiden Lichtwesen, nämlich den hellen Tag und das Licht.

Aus sich selbst, ohne in Liebe mit einem anderen Wesen sich zu vereinigen, brachte Gaia den Himmel hervor, der sie in einer vollkommenen Umarmung umschloss. In Liebe vereinigt brachten sie zwölf Kinder hervor, sechs männliche und sechs weibliche. Zuerst aber brachte sie aus sich selbst, ohne sich in Liebe zu vereinigen, das Gebirge und das Meer hervor.

Als erstes der in Liebe erweckten zwölf Kinder von Gaia und Ouranos wurde jener Sohn geboren, der die Erde ganz umfasst, der große Fluss: Okeanos. Als jüngster Sohn wurde Kronos geboren, mit ihm kam die Ganzheit der *Dauer* in der *Zeit*.'

Durch ein mehr meditatives Besinnen eines solchen Bildes entsteht ein Erleben des nicht-sexuellen, des keuschen Teiles der Befruchtung. Der menschliche Mann und die menschliche Frau haben eine sexuelle Beziehung, aber was tief innerlich in den Geschlechtsorganen wirksam ist, ist ebenso männlich und weiblich, doch ohne Lust und Unlust. Hier, tief verborgen in den Organen, wird der Schöpfungsprozess eines menschlichen Leibes vorbereitet, und in der Befruchtung tritt eine keusche Vereinigung ein.

Die Verteilung des ‚Erbmaterials' der Eltern, das für sich auch wieder ein Resultat einer solchen Verteilung bei den Großeltern ist, wird als reiner Zufall betrachtet.

Aus diesem reinen Zufall wäre dann das innig geliebte, einzigartige Menschenkind ‚gemischt', das schließlich das eigene Kind ist. Warum würde man gerade dieses Kind, mit diesen Eigenschaften, diesem Charakter, dieser Veranlagung so besonders innig lieben wollen? Nur weil es ein Zufallstreffer bezüglich der Verteilung des Erbmaterials bei der Meiose – sowohl bei einem selbst als auch beim Partner – ist? Weil man so versessen auf die eigene genetische Anlage ist, dass man ganz von selbst verrückt nach seiner Nachkommenschaft ist, wie zufällig sie auch entstanden sein mag?

Ein guter Erzieher braucht ein wahres, wahrhaftiges Menschenbild, eine Quelle von Weisheit, die spezifisch menschlich ist. Hat man diese nicht, dann wird man entweder ein Zweifler oder ein Anhänger aller herrschenden Auffassungen.

Wir wollen es einmal anders betrachten. Ich habe den Vergleich mit der Informationstechnologie gemacht. Dort geht es um außerordentlich komplizierte Prozesse, die programmiert werden. Zufall scheint dort vielleicht auch herrschen zu können, aber es ist dennoch immer der Programmierer, der den Prozess bestimmt. In ihm können ‚zufällige' Ideen aufkommen. Doch die Maschine befolgt exakt das Programm und zeigt so unerbittlich die Kapazität des Programmierers.

In der Natur kann man zwei Einflüsse unterscheiden: einerseits die genetische ‚Programmierung', andererseits die Einflüsse von außen. Wenn durch radioaktive Strahlung

Mutationen im Erbmaterial auftreten, könnte man von ‚Zufall' sprechen – obwohl man selbst da Fragezeichen setzen könnte.

Die ‚Geste', die Gebärde der Vererbung selbst, die Verteilung auf die zwei Geschlechtszellen in der Meiose, das Crossing-over zwischen Chromosomenteilen, müsste man als *gewollt* betrachten lernen. Man kann ein Bild einer unsichtbaren Hand formen, die in die Vererbungs-Konstellation eingreift.

Nicht völlig, nicht unfehlbar, nicht absolut kongruent mit der Art des zu erwartenden Kindes kann die erbliche Konstitution sein, wohl aber so sehr wie möglich. Der Dirigent ist der Mensch selbst, der sich zur Geburt anschickt, erfüllt mit dem noch zukünftigen Schicksal auf Erden, das er selbst ganz und gar *will*. Diese imponderable Kraft wirkt nicht nur in der Anziehungskraft und der einzigartigen Sphäre zwischen den Partnern, die die zukünftigen Eltern sind. Diese Kraft wirkt auch bei dem Bilden der Vererbungs-Konstellation, bei der Wahl zwischen dem Erbmaterial der Mutter und dem des Vaters – damit die irdische Form so vollkommen wie möglich zu dem *gewollten Schicksal* passt.

Und so beginnt bereits der Kampf zwischen dem, was der Mensch, der auf Erden geboren werden will, *eigentlich ist*, und dem, was die Erblichkeit und die spezifische Art des Ortes, der Zeit usw. bieten können. Eine ganze Zeit hindurch wirkt das eigentliche Wesen des Menschen von außen auf den sich entwickelnden Leib ein. Zuerst wirkt es aus dem Kosmos heraus, dann wirkt es von dem kosmischen Teil in der Gebärmutter aus: der Plazenta und dem übrigen umgebenden Gewebe (Amnion und Chorion).

Eine Beweisführung für diese Einsichten ist hier nicht möglich. Doch ein Anfang dessen liegt in der *eigenen* Aktivität des Betrachtens und Besinnens. Dadurch bleibt das, was hier steht, nicht etwas, was man annimmt oder abweist,

40

sondern wird zu einem eigenen Ahnen, einem Tasten, einem Empfinden, das sich letztlich doch als auf Logik beruhend erweist. Nur dadurch kann sich der Mensch Einsichten buchstäblich *zueigen* machen, dass er sich die Mühe macht, viel genauer, intensiver und tiefer als gewöhnlich zu beobachten.

Und so ‚dämmert‘ allmählich etwas. Man kann es zwar (noch) nicht klar sehen, es bleibt bei einem sicherer werdenden Erleben. Man erlebt, dass der Raum nicht nur mit Licht, Luft, Wärme und Dingen gefüllt ist, die man mit seinen Sinnen wahrnehmen kann. Man beginnt, auch Sphären wahrzunehmen, Imponderabilien, die doch ebenso real sind wie das Mess- und Wägbare.

Man lernt erleben, dass die Leibesprozesse nicht nur physisch-chemischer Natur sind, sondern dass sie gleichsam eine Gebärde machen, dass sie Handlungen sind, die nicht aus sich selbst heraus vollzogen werden, sondern die geführt und geleitet werden.

Wenn dies stark genug wird, kann man auch ahnen, dass es handelnde Entitäten gibt, die man nicht sieht, deren *Werk* man jedoch sieht. Man beginnt, gewahr zu werden, dass der Raum zugleich von unsichtbarer Aktivität und unsichtbaren Wesen erfüllt ist, darunter menschlichen ‚Entelechien‘, Individualitäten, die weder männlich, noch weiblich sind, die die künftigen Eltern mit zueinander führen, beieinander halten und mit wirksam sind in der Gestaltung des vorhandenen Erbmaterials – und in der Wahl des Geschlechts, weil in der kommenden Verkörperung eine weibliche oder eine männliche Natur nötig ist.[5]

Für eine gute, allseitige Erziehung ist es sehr wichtig, an

---

[5] Auf genau dieselbe Weise, mit anderen Erinnerungsgedanken und -vorstellungen kann man erleben lernen, dass auch Verstorbene noch da sind. Dies jedoch liegt außerhalb des Rahmens dieses Buches.

diesen Gedanken, Gefühlen, Ahnungen, Erlebnissen zu arbeiten. Die Erziehung beginnt gleichsam schon *vor* der Befruchtung. Es hat für das sich verkörpernde Individuum eine unermessliche Bedeutung, ob die Eltern die Ansicht haben, dass keine ewige Individualität existiere und nur ein erbliches Muster zu einem lebensfähigen Baby, Kleinkind usw. ausgearbeitet werde, *oder* ob die Eltern erleben können, wie sie mit dieser Individualität ,zusammenwirken', um ihr den geeigneten Platz auf Erden zu bereiten, sowohl räumlich als auch in Bezug auf Zeit und Qualitäten der Umgebung und Erziehung.

Im ersten Fall wird die eigentliche Individualität, dieses einzigartige menschliche Wesen, im Grunde völlig negiert. Das hat natürlich weitreichende Folgen, es macht einen großen Teil der Ratlosigkeit von Kindern aus.

Im zweiten Fall wirkt das vorsichtige Erleben inspirierend, es können für konkrete Erziehungsfragen Ideen aufkommen, die ebenso einzigartig sind wie der sich verkörpernde Mensch.

Doch der größte Teil der Eltern steht zwischen diesen beiden Polen und nimmt keinen bewussten Standpunkt ein. ,Irgendwie' fühlen sie durchaus, dass es zwischen Himmel und Erde mehr gibt als bloß körperliche Erbmuster. ,Ich glaube, dass da schon noch etwas ist', so in etwa sagt man dann. Aber es wird keine Sicherheit, nimmt keine bewussten Formen an, bleibt vage.

Oder es betrifft Eltern, die sehr wohl ein Wissen von dem geistigen Menschen aufgenommen haben, die solches Wissen aber annehmen, ohne es aktiv zur eigenen Einsicht zu verstärken.

Im ersten Fall wird die äußere Welt mit all ihren Regeln, ihrem Wissen und ihren Meinungen das zarte Bewusstsein jenes ,Etwas' immer wieder umwerfen.

Im zweiten Fall entsteht leicht eine von spirituellen Dogmen geführte Erziehung. Es gibt dann wohl Inspiration, doch diese kommt aus den Dogmen, nicht aus dem lebendigen, sich inkarnierenden Menschenkind und der real mit diesem zusammenhängenden geistigen Welt.

Nötig ist also die eigene innere Aktivität, die Intensivierung des Wahrnehmens, Vorstellens, Denkens und Erlebens.
Die Schwangerschaft bleibt selbstverständlich weiterhin gekennzeichnet durch den immer dicker werdenden Bauch, die Anzahl der Schwangerschaftswochen, den errechneten Geburtstermin, die Echo-Untersuchungen, den Blutdruck und so weiter. Doch darum herum, darüber hinaus, wird es etwas geben, an dem auch der Vater in demselben Maße teilhaben kann wie die Mutter. Darum herum und darüber hinaus wird eine bestimmte Anwesenheit erlebbar – man kann es ruhig eine ‚Aura‘, eine Sphäre nennen –, in der das Kind schon zu erahnen ist. Es ist doch ‚logisch‘, dass das Spüren *dieser* Schwangerschafts-Erscheinung, die nicht messbar oder wägbar ist, die imponderabel und unbegreiflich ist, für die Entwicklung während der Schwangerschaft von unschätzbarem Wert ist.

Nun kennen wir die menschliche Ohnmacht, wenn es um *Lebens*prozesse geht, nur allzu gut. Der Mensch ist nicht imstande, auch nur *ein* Haar bewusst wachsen zu lassen. Die Vorstellung, dass dies vorgeburtlich und während der Schwangerschaft *doch* so ist, ist also eigentlich eine unmögliche. Ein auf sich selbst gestelltes menschliches Individuum verfügt nicht über die Weisheit und die Kraft, um in die Konstellation des Erbmaterials, in das Wachstum und die Gestaltung während der Schwangerschaft usw. einzugreifen. Wie sollen wir dies begreifen?
Von der Naturwissenschaft wird dies alles als eingebautes, verselbstständigtes ‚Programm‘ ohne Programmierer betrachtet, kombiniert mit entsprechenden (Zufalls-)Treffern.

Von einem erweiterten Blickwinkel aus, der auch Seele und Geist umfasst, muss man das Bild des geistigen, vorgeburtlichen Menschen, der bei der Teilung der Geschlechtszellen, der Befruchtung, der Schwangerschaft mitwirkt, aufgrund einer Art von Logik, eines Wahrheitserlebens, hinzunehmen. Man kann nicht anders, als dieses noch ungeborene menschliche Wesen als durchwebt, durchströmt, ‚durchpulst' von höheren geistigen Wesen anzusehen, die der Mensch gleichsam als eigentliche Impulsgeber ‚hinter sich' hat. Eine ganze geistige Welt umfasst und durchdringt das einzigartige Menschenwesen, um die Impulse für eine möglichst vollkommene Bildung des physischen Instruments auf Erden zu geben – und ‚vollkommen' bedeutet dann: so vollkommen wie möglich in Übereinstimmung mit dem Schicksal, dem Karma, das durchlebt werden muss.

Physisch trägt die werdende Mutter die Leibesfrucht in ihrem Schoß. Doch all das nicht Messbare und nicht Wägbare, das Imponderable in den Gewahrwerdungen, Gefühlen, Erlebnissen jener Sphäre, auch in den Kräften der Besinnung, ist für die werdenden Eltern erlebbar. Vor allem ist es wichtig, sich bewusst zu machen, dass das menschliche Individuum, das noch ungeborene seelisch-geistige Wesen, sich immer mehr in den werdenden Leib hüllen wird, sich immer mehr damit identifizieren wird.

Dies ist nun der Kerngedanke der guten Erziehung: das durchseelte, durchgeistigte Menschenwesen, die Individualität, von der Ungeborenheit zu einem Erwachsensein zu führen, in dem die Anlage für dieses Leben so vollkommen wie möglich zum Ausdruck kommen kann. *Das* ist ‚freie Erziehungskunst', und es bedeutet, dass man alles tun will, um mitzuhelfen, dass diese begonnene Inkarnation das Merkmal eines Kunstwerkes bekommt – dass die körperliche Erscheinung so umfassend wie möglich das eigentliche, tiefere Seelengeisteswesen, die Entelechie, die

Individualität, zeigen wird.

Es genügt nicht, Bücher und Zeitschriften über Erziehung zu lesen, im Internet zu surfen, Fernsehsendungen zu sehen. Die Grundlage für eine gute Erziehung ist die Besinnung auf die Frage: Was ist ein Mensch, was ist ein Kind? Darauf kann man keine fertigen Antworten geben. Die Antwort ist ein Suchen, ein inneres Ringen um dieses Wesen des Menschen.

Nicht nur ein Wissen muss man erwerben, sondern an der Bildung lebendiger Einsichten arbeiten, die wirklich die eigenen sind.

So finden wir in der Sphäre der Anziehung und Liebe zwischen Partnern schon die Wirkung der künftigen Kinder. Immer wesentlicher und bewusster kann man in der Erinnerung an diese Sphäre die reale Anwesenheit erahnen lernen.

In der Reifung und Teilung der Geschlechtszellen und der Befruchtung kann man immer mehr erleben, wie eine wirkliche geistige Welt durch das vorgeburtliche menschliche Wesen hindurch in diesen Prozessen gestaltend mitwirkt. Der scheinbar leere materielle Raum ist voll von Seele und Geist, die man nicht wahrnimmt. Doch es dämmert etwas, eine Ahnung, wenn man sich auf diese scheinbar bloß natürlichen Prozesse der Teilung, Befruchtung, Schwangerschaft besinnt. Man beginnt, in diesem Ahnen etwas Wesentliches zu erleben, gleichsam die Hand des noch ungeborenen Kindes, geleitet durch einen Chor höherer Hierarchien.

Wenn man die Möglichkeit hat, solche Besinnungen und Erlebnisse mit der christlichen Tradition zu verbinden, kann man sich – meditativ – dem Urbild der Geburt zuwenden: der Geburt Jesu, wie sie in jeweils verschiedener Weise im Lukas-Evangelium (die Hirten) und im Matthäus-Evangelium (die Könige) beschrieben ist. Viele Menschen können das nicht, weil sie sich von diesem traditionellen Christentum befreit fühlen und nicht die Kraft empfinden, diese Bilder *rein* zu nehmen, losgelöst von allen unnötigen Gefühlen der Sympathie und Antipathie. Wer dies aber doch kann, findet in diesen Bildern das Urbild der Geburt.

Für die Hirten erklingt aus Himmelshöhen: Gloria in excelsis Deo, et in terra pax hominibus bonae voluntatis. Es ist die übersinnliche Sphäre der Unschuld des Jesuskindes, in der die Engel und Chöre der Hierarchien singen: Ehre sei Gott in den Höhen, und Friede auf Erden den Menschen, die eines guten Willens sind.

Die Könige werden von einem strahlenden Stern am Himmel geführt, der einen Schweif wie ein Komet hat. Es ist die übersinnliche Sphäre der allumfassenden Weisheit des Jesuskindes, begleitet von den Chören der Hierarchien, wie wenn diese das Kind zur Erde geleiteten.

In der Kunst ist ein ganzer Schatz an Bildern zu finden, durch den man seine Erlebnisse vertiefen kann. So gibt es die Malereien von Fra Angelico (Kloster San Marco in Florenz), unter anderem die Verkündigung des Engels Gabriel an Maria, der ihr die Befruchtung mit Heiligem Geist verkündet, dies wird am 2. Januar gefeiert, ,Maria Lichtmess'. (Siehe Abbildung).

Die Madonnenbilder von Raffael können als Inspiration für das Urbild der Mutterschaft dienen.

Ein Musikwerk wie das Weihnachtsoratorium von Johann Sebastian Bach bringt das Urbild der Stimmung der Geburt.

Die Beschreibungen von Novalis über die reine Befruchtung, Schwangerschaft und Geburt sind eine Quelle für den Zugang zu den Stimmungen, die das Geistige suchen.

Und sein ,geistiges Lied' über Maria bringt dieses Ewig-Weibliche in eine Verbindung mit den Kindheitskräften in der menschlichen Seele.

DER SÄUGLING

Eine Meditation

Wenn man in der modernen Zeit gut erziehen will, dann braucht man eine veränderte Einstellung. Wir sind auch selbst Kinder gewesen, und wir erinnern uns wohl an manches, doch was wir verloren haben, daran *können* wir uns nicht erinnern. Es ist die so sehr andere Art und Weise, in der das Kind in der es umgebenden Welt lebt, die so sehr andere Art des Wahrnehmens mit den Sinnesorganen, des Denkens, Fühlens und Handelns.

Als Erwachsener schaut man von außen darauf, nicht vom kindlichen Wesen aus. Dadurch interpretieren wir alles nach unseren erwachsenen Maßstäben, und so erziehen wir auch. In Zeiten, in denen das instinktive, natürliche Bewusstsein noch stark war, herrschte in der Erziehung noch eine gewisse Weisheit. Die Weisheit ist dem Verstand gewichen. Wir wollen ,verständig' erziehen. Aber das kleine Kind *hat* noch keinen Verstand, und es sehnt sich nach einer *weisen* Annäherung. Wir werden *uns* also zur Weisheit erziehen müssen – und das verlangt von uns einen ungewohnten Einsatz.

In den vorangegangenen Kapiteln haben wir damit bereits begonnen, indem wir viel ausführlicher, exakter und tiefer über den ganzen Prozess um Liebe, Sexualität, Befruchtung und Schwangerschaft nachgedacht haben. Diese Prozesse verlaufen noch im Verborgenen. Doch mit der Entbindung kommt eine *Wirklichkeit* zur Welt. Das Kind tritt uns vor die Augen, ist fühlbar anwesend. Die leibliche Seite bei Mutter und Kind verläuft noch wie von selbst,

aus der Weisheit heraus, die dem Leib eigen ist. Aber die eigentliche Erziehung liegt auf einer anderen Ebene.
Dafür brauchen wir diese veränderte Einstellung.
Man kann sich nicht aufgrund von Worten und Gedanken verändern. Absichten entstehen daraus durchaus, doch sie haben keine Kraft, sich auch durchzusetzen. Man sagt: Ja! So ist es, so *muss* es sein! Und man vergisst es wieder, morgen ist die Absicht schon verflogen. Echte Veränderungen treten erst auf, wenn man sich lange, sehr lange und intensiv besinnen kann. Dadurch bekommen die Einsichten und damit auch die Absichten Vertiefung und Kraft. Man verändert sich selbst, und dadurch verändert sich die Art des Umganges mit dem Kind. Das gilt nicht nur für die Mutter, es gilt in noch stärkerem Maße für den Vater. Die Mutter hat noch eine Spur leiblicher Weisheit übrigbehalten. Besonders der Vater ist für gewöhnlich ganz und gar ,verständig' und muss sich sehr bemühen, eine lebendige Anschauung seiner Kinder zu erwerben.

Zuerst wollen wir uns auf das *Wachstum* und die *Entwicklung* des Leibes eines Babys, Säuglings, Kleinkindes besinnen. Wir gehen noch nicht auf Details ein, sondern wir versuchen, das Allgemeine zu erfassen. Wir haben uns daran gewöhnt, den ganzen Prozess der Konzeption, des embryonalen und fötalen Wachstums und der Entwicklung als durch eine sich verkörpernde menschliche Individualität impulsiert zu erleben, die selbst wiederum gleichsam dasjenige ausführt, was höhere Hierarchien impulsieren. Einerseits gibt es tatsächlich einen rein vererbungsmäßigen Impuls, der von der Familie stammt, in der das Kind geboren wird. Doch innerhalb dessen wird fortwährend an einer möglichst vollkommenen Übereinstimmung dieses erblichen ,Modells' mit dem, was die Individualität ihrem Wesen nach *ist*, gearbeitet. Dies kann Inhalt für eine erste wirkliche Meditation werden.

Man stellt sich diesen auf wundersame Weise wachsenden Leib vor, der sich einerseits aus der natürlichen Anlage heraus bildet und wächst; der andererseits jedoch eine Gestaltung lebendiger, wirksamer Weisheitsgedanken ist, die aus dem Vorgeburtlichen den Leib plastizieren, mit himmlischer Musik einstülpen und gestalten. *Gedanken* sind wirksam, die in nichts unseren Schatten-Gedanken gleichen. Lebendige Weisheitskräfte sind es, ausströmend von höheren Hierarchien, zum Menschen hin, durch den Menschen hindurch. *Das* sind die Gedanken, die in dem sehr jungen Kinde wirken, nicht die trivialen Erwachsenen-Gedanken.

Dies kann man gleichsam ‚sehen', wenn man das Neugeborene, das kleine Baby, anschaut. Das Kind ist noch ganz und gar Umkreis, es fokussiert beim Sehen noch nicht. Man ‚fühlt' das *Denken* um das Kind herum, in dem Kind. Es sind nicht die *eigenen* Gedanken des Kindes, es sind gleichsam ‚Weltgedanken', schöpferische, bildende Gedanken, in denen die Weisheit noch nicht vom Verstand angetastet ist.

Man suche jede mögliche Gelegenheit, Babys zu sehen, zu erleben. Man meditiere später über die Einwirkung der Weisheit jener Welt, die allein imstande ist, einem menschlichen Leib Gestalt zu geben. Und man fasse dann diesen ganzen Erlebensprozess in den Gedanken zusammen: Der Leib meines Kindes *wird gedacht*. Man versuche, die Wirklichkeit dieses *Denkens* um und in dem Kind immer mehr gewahrzuwerden. Es ist ein Geheimnis, aber das Geheimnis ist offenbar. Man muss lernen, sich darauf einzustellen, im gewöhnlichen Leben eilt man daran vorbei. Aber es ist da, und es gibt auch ohne Meditation Augenblicke, in denen man es erlebt. Jeder Moment von tiefer Rührung durch das Kind *ist* so ein Augenblick. Man halte dabei inne, vertiefe sich darin, meditiere später darüber, zusammengefasst in: Der Leib meines Kindes, unseres Kindes, *wird gedacht*.

Immer mehr bekommt man Fühlung mit dem Schöpfer

dieses lebendigen Leibes. Dies, dieser Schöpfer, ist man nicht selbst, sind nicht die Eltern. Es ist die Individualität selbst, eingebettet in den ganzen geistigen Makrokosmos. Es ist der Wille Gottes, der da denkt. Immer mehr kann man es ertragen, dass die Verstandesklugheit der Großartigkeit des Aus-Gott-Geborenwerdens weicht. Ex Deo Nascimur. Aus Gott sind wir geboren.

Man braucht kein Mitglied einer Kirche zu sein, auch nicht einer spirituellen Gemeinschaft oder einer ähnlichen Vereinigung. Dies ist etwas, was der Mensch ausschließlich mit sich selbst abzumachen hat. Man braucht auch nichts zu *glauben*, es ist sogar anzuraten, *nichts* zu glauben. Vorläufig nicht abweisen, das ist viel besser. Wenn man dann ausgehend von dieser Unbefangenheit an der beschriebenen Vertiefung arbeitet, kommt etwas ganz anderes als Glauben zustande. Was man *erlebt*, braucht man nicht zu glauben. Es liegt in einem ganz anderen Gebiet als das Annehmen von Inhalten.

Man beginnt, bestimmte Realitäten *selbst* zu fühlen, zu erleben, zu denken. Von dieser Realität aus kann man dann auch erziehen, oder besser gesagt: Man kann die Kräfte im Kind selbst wirken lassen, es erzieht sich in diesem Sinne selbst. Die eigene Aufgabe ist es, diesem Prozess das richtige Bett zu verschaffen und dafür zu sorgen, dass die Entwicklung darin strömen kann.

In demselben Maße, in dem man zu dem Erleben von Realitäten, von Wirksamkeit geistiger Art rund um das Kind und im Kind kommt, kann man auch verstehen, dass nicht nur Welt-*Gedanken* schöpferisch wirksam sind. Dafür müssen wir unsere Wahrnehmungen des Kindes weiter vertiefen, noch exakter machen.

Das Beeindruckendste bei einem Säugling ist die *totale*

Hingabe. Noch nichts ist da wirksam, was selbst Entscheidungen trifft, auf dieses oder jenes die Aufmerksamkeit richtet, spezifische Interessen hat. Die Umgebung ist für das Baby *alles*, und man kann ‚sehen' lernen, dass das Kind vollkommen hingegeben an diese lebt, ohne Konzentration, ganz und gar im Umkreis. Ein Säugling kann einen direkt anschauen, aber man ‚sieht', dass das Kind *alles* sieht, nicht nur einen selbst.

Ein Baby, das an der Brust saugt, tut dies nicht so, wie ein Erwachsener eine Mahlzeit einnimmt. Im Erwachsenen spielt sich neben dem Essen und Trinken, dem Schmecken und Verzehren, noch eine ganze Reihe von Bewusstseinsprozessen ab. Der Säugling ist während des Stillens völlige Hingabe. Das ganze ‚Sein' ist erfüllt vom Saugen, Schmecken, Schlucken, dem mit Magen und Darm ‚Schmecken'. Man kann ein Baby zwar ablenken, doch dann hört es auf zu trinken. Trinkt es, dann gibt es nichts anderes auf der Welt. Es ist ganz Ernährung, Aufnahme von Speise; auch was an Bewusstsein da ist, ist damit erfüllt. Das kann jeder, der *erlebend* zuschauen kann, *sehen*. In der ersten Zeit ist nichts anderes als dies im Bewusstsein: Ernährung – und daneben gibt es die Momente ohne Bewusstsein: Schlafen. Alles, was das Kindlein weiter macht, ist vornehmlich Ausdruck dieser zwei Hauptprozesse: Ernährung und Schlafen. Lust und Unlust sind dem untergeordnet. Unlust bei Hunger und Durst, beim Müdewerden. Lust bei Sättigung, beim Erwachen.

Dann kommt, nach einigen Wochen, eine leichte Konzentration zustande. Es kommt eine Gerichtetheit in den Blick, und es tritt ein noch instinktives Lächeln beim Anblick insbesondere von Menschen auf. Die Umgebung beginnt, sich etwas zu gliedern, und der *Mensch* tritt etwas hervor.

Die Hingabe bleibt total, ohne Abwehr. Weinen ist keine Abwehr, sondern Ausdruck von Unlust in voller Hingabe.

Wir *sehen* diese Hingabe durchaus, wertschätzen sie jedoch nicht richtig, weil wir selbst sie nicht mehr kennen und uns in unserem eigenen Leben an nichts aus dieser Zeit erinnern können. Doch das Betrachten von Säuglingen macht einen dafür wach. Diese Hingabe ist es, wodurch das kleine Kind so etwas Heiliges hat. Wenn man seine Gefühle *darauf* einstimmt, kann man nie meinen, das kleine Kind sei ‚ungezogen'. Es lebt in Hingabe, und das ist heilig. Wenn es eine Stunde lang schreit, ist es nicht ungezogen, auch wenn einen dies vielleicht maßlos reizt. Das Baby lebt völlig hingegeben an die Unlust – auf was auch immer diese beruhen mag. Abbild der Umgebung will es sein und werden, ist für diese völlig offen. Die Individualität ist noch außerhalb, es ist ein ganzer Prozess von Wachstum und Entwicklung, um gut in den Leib ‚hineinzugehen'.

Von allergrößter Wichtigkeit ist, was die Umgebung anbietet. Was sehen die Äuglein, was hören die Öhrlein, was fühlen die Händchen, was kosten die Zunge und die tieferen Organe, was riecht das Näschen, was für eine Wärme umgibt das Kindlein...? Wie klingen die Stimmen, was sind da für Menschen, wie sind die Farben rundherum, welche Stoffe berührt es? Was drücken die Gesichter aus, wie fühlen sich die Hände an, die das Kind hochheben, wie ist die Reinheit der Luft, sind die Handlungen feinsinnig oder grob? Drücken die Gesichter Andacht oder Achtlosigkeit aus? Zärtlichkeit oder Gleichgültigkeit?

Man denkt vielleicht, das Kindlein sähe dies alles nicht. Und beurteilen tut es dies auch sicher nicht. Doch es lebt in totaler Hingabe daran und ‚sieht' es also besser, als es jemals später im Leben der Fall sein wird. Nur kann es nichts von sich abhalten, abwerfen. Es muss in Hingabe genau so sein wollen. Es ist allsehend, kein Mensch wird jemals *so* total von einem anderen Menschen wahrgenommen wie durch ein Baby. Aber es kennt kein Urteil und hat keine Gegenwehr.

Wir können einmal versuchen, diesen Zustand nachzuahmen, meditativ. Man nehme einmal eine Situation des Tages und stelle sich das Geschehen so lebendig wie möglich vor. Man betrachte den eigenen Anteil darin – gut oder schlecht, das ist jetzt egal. Danach versuche man, dieses Geschehen noch einmal zu durchleben und von allem eigenen Beitrag abzusehen. Das heißt: völlige Hingabe. *So* lebt das Baby, auch noch das Kleinkind. Als Erwachsener *kann* man so nicht leben, als Säugling kann man *nicht anders*.

Das ist ein *zweites* Bild für die Meditation. Wir stellen uns nun nicht die Weltgedanken vor, die das Kind *denken*. Wir stellen uns nun vor, wie das Leben als ‚*Weltenkräfte*‘ einwirkt. Kräfte aus der Umgebung, menschlich und natürlich, Kräfte aus dem jungen Organismus selbst mit all seinen zarten Funktionen, übersinnliche Kräfte (auch die eigene Individualität), an denen das Kind entwickelt *wird*. Es selbst macht noch nichts, es lebt nur aus, was da ist. Das Verhalten zeigt die komplexe, oben beschriebene Ganzheit von Kräften, die die Physiologie, die Lebensprozesse im Leibe bearbeiten und die zugleich die Gewohnheiten bilden. Was man als Erzieher hier für Möglichkeiten hat, kommt in einem späteren Kapitel an die Reihe. Hier geht es darum, dass wir uns mit dem Bild der totalen Hingabe und des Bestimmtwerdens im Verhalten durchdringen. Das sehr junge Kind *wird* entwickelt.

Als *Drittes* betrachten wir die sich entfaltenden *Handlungen* des Kindes. Zuerst ist alles ausschließlich auf Ernährung und Schlafen gerichtet. Das Baby bewegt sich zwar außerhalb des Stillens, doch das sind noch wundersame, scheinbar *ziellose Bewegungen*, die sich vor allem auch in den Reflexen äußern. So gibt es die ‚Schreckbewegung‘, den Moro-Reflex, der allmählich verschwindet. Das Baby macht eine unnachahmliche Bewegung, mit dem Rumpf, dem Kopf und vor allem den Armen. Es hat nichts Tierisches, aber auch nichts Menschliches. Es ist vom menschlichen Gesichtspunkt aus eine sinnlose Bewegung, es ,bringt nichts' und sieht seltsam aus. Doch wir können solche Bewegungen auch mit Verwunderung anschauen und erleben dann einen Nachklang aus dem Vorgeburtlichen. Etwas wie ein langsam verklingendes Glockengeläut.

So gibt es auch den Greifreflex. Gibt man dem Säugling einen Finger, dann greift das Kind diesen. Doch man ,sieht', dass es kein Wille ist, ihn festzuhalten, es ist ein Reflex, ohne eigenen Willen, ohne bewusste Entscheidung. Allmählich verschwinden die reflexartigen wundersamen Bewegungen, und durch sie hindurch schimmert der menschliche Wille, der den Leib zielgerichtet bewegen lernen will. Ohne irgendeinen Lehrplan folgt jeder Säugling, jedes Kleinkind treu diesen Übungen zur Beherrschung des Leibes. Das *Spiel* wird geboren.

Zuerst entdeckt das Kind die eigenen Händchen. Ein schöneres Spielzeug gibt es nicht. Man kann sie bewegen, man kann sie beobachten, man kann mit der einen Hand die andere betasten, man kann sie in den Mund stecken, man kann daran saugen... Zehn dieser sonderbaren beweglichen Gliedmaßen, die man auch wieder bewegen kann, man kann an einem oder zweien davon saugen. Alle Kinder mit einer gesunden Entwicklung spielen schon früh mit ihren Händchen, später auch mit den Füßen.

Auf dem Rücken liegen ist prima, aber nicht genug. Es gibt einen Trieb, sich drehen zu wollen, auf die eine Seite, auf die andere Seite ... auf den Bauch! Und es gibt auch einen starken Impuls, sich aufzurichten, schon sehr früh. Wenn der Erwachsene das Kind an den Händchen nimmt und hochzieht, dann ist die erste Erscheinung des Sichaufrichten-Wollens das Mitnehmen des Kopfes. Kopfbalance wird dies genannt. Später beginnt es unmittelbar, zu versuchen, sich aufzurichten, zur Sitzhaltung, sobald man seine Hände nimmt. Niemand hat dafür ein Programm geschrieben, und alle gesunden Kinder tun dies, überall auf der Welt. Der eine schnell, der andere langsam, aber sie tun es.

Wenn man dies intensiv beobachtet und erlebt, was man wahrnimmt, dann fühlt man, ahnt man, erlebt man einen Welt-Bewegungswillen, der nicht chaotisch einwirkt, sondern sehr geordnet und ohne sichtbare Führung. Man kann Bewegungen stimulieren, man kann sie nicht verursachen. Etwas in dem und um das Kind wirkt so, dass es die Hände bewegt, entdeckt und einigermaßen bewusst damit zu spielen beginnt. Dieses Spielen verläuft bei allen Kindern in derselben Art, es sind charakteristische Bewegungen und Entdeckungen, doch nicht mehr in derselben Weise instinktiv wie das Schnappen nach der Mutterbrust oder wie der Schreckreflex. Man empfindet ein Erden-Element in diesem Spiel mit den eigenen Gliedmaßen, es gehört zu dem Irdischwerden der Leibesbewegung. Man kann empfinden lernen, wie ein höherer, man kann sagen *heiliger* Wille in dem Kind wirkt, der es nicht in himmlischer Heiligkeit geborgen halten will, sondern der ihm hilft, sich mit den Leibesbewegungen an die Erde und ihre Gesetze anzupassen. Ein allgemeiner Bewegungswille wird sichtbar, der immer individueller werden wird.

Auch dies müssen wir uns so klar und genau wie möglich vorstellen, ins Bild bringen. Auch daran eilen wir vorbei, wenn wir uns nicht solche Besinnungsmomente schaffen. Erst wenn man sich einmal die Ruhe nimmt, sich hinsetzt und seine Wahrnehmungen noch einmal von neuem vorstellt, so aktiv, so intensiv wie möglich, bekommt man Fühlung mit der Willenswelt des Säuglings. Man ‚sieht', dass er *bewegt wird*, dass es das Werk, die Wirksamkeit, der Wille einer unsichtbaren Willens-Macht ist, die die

Führung gibt. Wie ohnmächtig erscheinen uns dann unser Unterricht oder die Gymnastik, der Sport. Ausgedachte Lernprogramme, die auf unserer menschlichen Ohnmacht, Unweisheit basieren, müssen der Entwicklung die Richtung geben. Wenn wir doch einmal solche ‚Lernprogramme' wie diese, die im ersten Lebensjahr unsichtbar wirksam sind, ungeschrieben und fehlerlos wirkend, aus der Realität ablesen könnten! Dann bräuchten nicht alle paar Jahre Erziehungs-Neuerungen eingeführt zu werden. Säuglinge spielen schon seit alten Zeiten mit ihren Händchen, ihren Füßchen, wollen sich drehen, sich aufsetzen...

ERZIEHEN IM ERSTEN LEBENSJAHR

DIE ERZIEHUNG DES LEIBES

Nach dem Vorangegangenen kann die Frage aufkommen: Ist Erziehen eigentlich noch nötig? Ist nicht nur Begleitung nötig, ohne Eingreifen?

Es gab eine Zeit, in der zum Beispiel als Erziehungsregel ‚Stillen je nach Bedarf' angeraten wurde, weil ein Säugling ganz nach Bedarf trinken können müsse. So könnte man die ganze Entwicklung als einen sich selbst regulierenden Prozess betrachten, wie es im Tierreich der Fall ist. Wir haben jedoch gesehen, dass der Mensch kein höheres Tier ist, sondern eine einzigartige sich inkarnierende Individualität. Kein Exemplar der Tierart ‚Mensch' also, sondern das Auftreten einer Individualität auf Erden, jetzt und hier.

Der Leib ist in Bezug auf Wachstum, Form und Funktion in Entwicklung. Wir haben gelernt, zu erleben, dass dies ein sichtbar gewordener ‚übersinnlicher' Prozess ist, an dem der ganze Makrokosmos teilhat – um diesen wundervollen Leib zu gestalten, der auch ‚Mikrokosmos' genannt wird. Dabei spielen die Kräfte des Schicksals (Karma), die aus einer vorhergehenden Inkarnation kommen, eine Rolle, aber auch das ‚Jetzt' spielt eine große Rolle, und hier liegt der Sinn der guten Erziehung.

Durch die Geburt ist der Leib nach dem Durchtrennen der Nabelschnur selbstständig geworden, er wird nicht mehr vom Mutterleib getragen. Man hat eine *sichtbare Selbstständigkeit*. Doch das gilt nur für den äußerlich sichtbaren Leib. Mutter und Kind bleiben real verbunden, im

ätherischen Leib (die Lebensprozesse und die Gewohn-
heitsbildungen), im Astralleib (Lust und Unlust, Glück
und Unglück, Sympathie und Antipathie) und im Ich
(die Instanz, die erzieht, sowohl den anderen als auch sich
selbst).

Dennoch bleibt auch ein leibliches Band bestehen, das
langsam oder auch plötzlich zerbrochen wird. Es ist das
Stillen. Man könnte sagen: Was dem Embryo zuerst als
mütterliches Blut über die Nabelschnur gegeben wurde,
metamorphosiert sich nun in die Muttermilch.

Hier ist wiederum eine tiefere Besinnung notwendig, um
wirklich in Fühlung mit dem Wesen des Stillens zu kommen.

Man stelle sich die künstliche Nahrung von zum Beispiel
Nutricia vor. Dosen mit Pulver, das mit Wasser verdünnt
wird. Das Pulver enthält genau die Elemente, die auch die
Muttermilch enthält. Dem Baby wird also nichts fehlen.
Und wenn es keine Muttermilch gibt, ist diese künstliche
Nahrung ein Segen. Gewöhnliche Milch wird von einem
Neugeborenen nicht vertragen, Kunstmilch ist wirklich le-
bensrettend. Doch das Stillen mit künstlicher Milch müsste jenen Umständen vorbehalten sein, in denen es keine
Muttermilch gibt. Wenn man sich intensiv vorstellt, wie
es sich mit der Fläschchennahrung verhält, sieht man das
Folgende. Man sieht die sterile Fabrik, in der vollkommen
abstrakt und technisch die Nahrung zubereitet und in Dosen verpackt wird. Man kauft sie in der Drogerie und im
Supermarkt. Zuhause wird (Mineral-)Wasser gekocht und
im richtigen Verhältnis zum Pulver in ein Plastikfläschchen
gegossen. Deckel mit Sauger aufsetzen, gut schütteln, auf
die richtige Temperatur abkühlen, und das Baby kann ge-
füttert werden, auf dem Arm von Vater oder Mutter liegend
und an einem Gummi- oder Kunststoffsauger saugend.

Man rieche einmal an der Kunstmilch, man rieche einmal an dem Sauger. Man koste die Milch einmal ... und stelle sich vor, wie das ganz zum Sinnesorgan gewordene Kind sich damit durchdringt. Man denke dann an die junge Mutter, in der dieser wundersame Prozess der Milchbildung und des Einschießens der Milch stattfindet. Hier ist keine Zubereitungsvorschrift notwendig, der Leib hat die dazugehörige Weisheit und tut alles Notwendige, um in den Milchdrüsen die *lebendige* Muttermilch zu bilden. Natürlich *lebt* diese Milch noch, alles im menschlichen Leib *lebt*. Ohne, dass irgendetwas dazwischen tritt, saugt das Baby diese Milch aus der körperwarmen Brust, die vertraute Brustwarze im Mund, es ‚schmeckt' die Mutter von außen, wie es sie neun Monate lang von innen ‚geschmeckt' hat. Die lebendige Nahrung kommt dem Kind nun über die Mutterbrust zu und enthält genau das, was *dieses* Kind braucht, es existierte vor der Geburt schließlich eine völlige Einheit – auch wenn es natürlich die Plazentabarriere gibt, um das Einzigartige des neuen Menschenleibes zu schützen und diesen zugleich vor allerlei unnötigen Stoffen zu bewahren.

Diese Einheit setzt sich rhythmisch noch einige Monate mit dem Stillen durch die Mutterbrust fort und wird allmählich durch ‚irdische' Nahrung ersetzt. ‚Entwöhnung' heißt der Prozess des Überganges von der Muttermilch zur Flaschen- oder zur gewöhnlichen Nahrung. Entwöhnen hat die Bedeutung von Entbehren, Abgewöhnen, Fehlen. Es ist ein Leiden, von der glückseligen Ernährung an der Mutterbrust ‚entwöhnt' zu werden.

Erziehung des Leibes beinhaltet also als erstes: Man gebe dem Baby die Brust, wenn es nur irgendwie geht. Man nehme es gelassen hin, wenn es nicht geht – das ist dann das Schicksal.

Sodann kommt es auf den Rhythmus des Stillens an. In der Gebärmutter hatte das Kind in gewissem Sinne einen kontinuierlichen Nahrungsstrom, ohne Gebrauch des Magen-Darm-Kanals. Nach der Geburt muss der Leib sich an nur einige Mahlzeiten pro Tag gewöhnen. Das geht allmählich vor sich.

Für gesundes Wachstum und Entwicklung ist Rhythmus und Regelmäßigkeit etwas Grundlegendes. Die Bewegungen der Planeten zeigen uns im Makrokosmos den Rhythmus. Atmung und Blutkreislauf sind verinnerlichte Rhythmen. Auch die Nahrungsaufnahme muss rhythmisch werden – doch hier hat der Mensch eine viel größere Freiheit. Gute Gewohnheitsbildung ist hier dasjenige, was die Erziehung beitragen kann.

Ideal wären in den ersten Wochen sieben Stillzeiten, alle drei Stunden, mit einer Pause von sechs Stunden in der Nacht. Doch man muss in der Orientierung an einem Ideal beweglich sein.

Es ist ein fortwährendes Spannungsfeld zwischen Ideal und Möglichkeit. Auf der einen Seite steht die Natur, das heißt, es gibt eine bestimmte Menge an Muttermilch, eine bestimmte Saugkraft beim Baby und ein bestimmtes Bedürfnis nach Nahrung. Dadurch kann es sein, dass zu Beginn drei Stunden zwischen den Stillzeiten zu lange sind und dass auch in der Nacht gestillt werden muss.

Auf der anderen Seite gibt es die Lust und Unlust beim Baby und die Gewohnheitsbildung. Ein schreiendes Baby bedeutet nicht immer Hunger oder Durst, es kann auch eine Äußerung anderer Unlust sein. Und ein zu schnelles Nachgeben bei jedem Schreien weckt wirklich eine verkehrte Gewohnheit.

Als Mutter muss man lernen, zu fühlen (das ist ein körperliches Gefühl), ob man genügend Milch hat; und man muss lernen, auf das Saugen und Trinken des Babys zu achten. Wenn das Baby gierig trinkt und sich sogar verschluckt, ist wirklich genug Milch da. Dann müssen diese drei Stunden bis zum nächsten Stillen eingehalten werden können.

Unsere Gebundenheit an Zahlen macht es uns sehr schwer. Wir wollen gern alles angegeben bekommen: Soviel Milliliter, so viele Male pro Tag. Aber die Milliliter sind nicht zu messen, es sei denn, man gibt das Fläschchen. Sie wären höchstens zu wiegen, wenn man das Baby vor und nach dem Stillen auf eine feine Waagschale legen würde. Doch von solchen Maßnahmen sollte man lieber absehen und sein Wahrnehmungsvermögen für den Prozess der Milchbildung, des Einschießens, für das Trinken und den Rhythmus schärfen.

Regelmäßigkeit gibt Ruhe. Und es ist schon jetzt wichtig, selbst nicht fortwährend dasjenige zu durchbrechen, was man das Kind lehren will. Wenn man selbst einmal um sieben Uhr, dann wiederum um zehn Uhr frühstückt, das Mittagessen manchmal auslässt und manchmal nicht, abends dann das eine Mal um sechs Uhr, ein anderes Mal um halb neun isst, dann fehlt im eigenen Leben die Regelmäßigkeit, und das wirkt weiter und führt zu Unruhe beim Baby.

Auch hier braucht man nicht krampfhaft auf alles zu achten, es ist keine Katastrophe, wenn es einmal etwas anders läuft, sondern es geht um den Grundrhythmus von Essen, Trinken, Wachen und Schlafen.

Wenn man sofort gut beginnt, werden sich die Pausen zwischen den Stillzeiten allmählich auf vier Stunden ausdehnen, und der Rhythmus ändert sich auf fünfmal Stillen mit eventuell noch einer Stillzeit in der Nacht, doch diese wird meist nicht mehr nötig sein.

Unser Verlust an instinktivem Wissen und der Umstand, dass man nicht zu entwickelter Weisheit kommt, kann so nervös machen, so unsicher, dass auch das Baby nervös wird und außerdem anfängt, zu spüren, dass sein Verhalten zwingen kann.

Es ist ein fortwährendes Suchen nach dem Mittelweg: Ein Baby stundenlang schreien zu lassen, kann niemals gut sein; bei jedem bisschen zu reagieren, ebenso wenig.

Das gilt auch für die Zeit des Stillens an der Brust. Drei Monate, sieben Monate, zwölf Monate – doch dann ist die Zeit schließlich auch vorbei. Setzt man das Stillen dann noch fort, so enthält man dem Kind den Mut vor, sich wirklich zu inkarnieren, sich auf die Erde zu begeben.

Wenn man diese Prozesse tief auf sich einwirken lässt, wird die notwendige Frage aufkommen: Was ist zu tun, wenn die Mutter nach sechs Wochen im Mutterschutz wieder arbeiten gehen muss? Was bedeutet es, wenn man ein Baby in die Krippe oder zu einer Tagesmutter bringt? Oder wenn man einen Babysitter hat?

Es wird für jeden Menschen, der ehrlich ist, deutlich sein, dass es für das kleine Kind, das erst so kurz zuvor auf der kalten, harten Erde angekommen ist, eine große Aufgabe ist, sich an den ziemlich klinischen Charakter einer Kinderkrippe oder an die völlig andere Umgebung und anderen Menschen einer Gastfamilie, ja selbst an einen eigenen Babysitter anzupassen – obwohl letzteres natürlich die geringste Anpassung erfordert. Aber unsere Zeit ist nun einmal so, wie sie ist, und man muss sehr nuanciert über diese Dinge denken und auch hier lernen, genau wahrzunehmen, was geschieht und inwieweit man eine Veränderung herbeiführen will oder kann.

Ein Baby lebt in voller Hingabe und wird es ohne weiteres hinnehmen, dass es zur Krippe gebracht wird. Es bildet sich keine Meinung. Die Umgebung kann gut sein, die Erzieherinnen liebevoll und zugewandt. Rhythmus und Regelmäßigkeit werden gewiss eine zentrale Rolle spielen.

Doch die Muttermilch muss abgepumpt werden, die Intimität mit der Mutter ist zerbrochen. Es wird eine große Anpassung verlangt. Die Mutter (oder der Vater) gibt das Baby ab, sie gehen ihren eigenen (Berufs-)Weg, müssen das Kind vergessen. In einer Gastfamilie ist der Übergang weniger groß; wenn ein Babysitter zuhause ist, ist er noch geringer. Aber es bleibt ein schmerzliches Durchbrechen der Geborgenheit.

Für eine gute Erziehung ist es notwendig, sich dies ehrlich und intensiv klarzumachen.

Dann kann man *dennoch* beschließen, sein Kind in die Krippe zu bringen, zu einer Tagesmutter, oder einen Babysitter zu nehmen. Man ist sich dann völlig bewusst, was man tut, und wird dann auch die richtigen Ideen bekommen, um das nötige Gleichgewicht zu geben.

Es entsteht ein selbstverständliches Durchdrungensein mit dem Gedanken, außerhalb der Arbeitszeit dann *wirklich* anwesend sein zu wollen; dann nicht doch wieder in anderen Gedanken wegzuträumen oder seine Abende dem Sport oder der Chorgruppe zu widmen. Dies gilt dann selbstverständlich für beide Eltern.

Wenn man gut erziehen will, ist es von größter Wichtigkeit, den Beschränkungen ins Auge zu sehen, seine Grenzen zu kennen und innerhalb dieser das beste Gleichgewicht zu suchen. Vollkommenheit existiert nicht, man kann nur danach streben.

EIN BABY IST EIN SINNESORGAN

Wir haben schon gesehen, dass der Säugling in absoluter Hingabe an die Umgebung lebt, äußerlich und innerlich. Die Entwicklung in den ersten sieben Lebensjahren beruht auf dieser Hingabe, die allmählich in eine Metamorphose kommt.

Im ersten Lebensjahr ist die Hingabe noch nahezu vollkommen. Das Kind entwickelt sich, indem es sich selbst in dieser Hingabe mitnimmt: Es macht *alles* nach. Es ist ganz und gar hingegebene Wahrnehmung, doch es nimmt integral wahr, noch nicht intentional. Das heißt, es entscheidet sich nicht für dieses oder jenes, sondern *alles* ‚kommt herein‘, auch das, was wir längst nicht mehr sehen, hören, riechen, schmecken, tasten.

Das Kind interpretiert nicht; alles ist, wie es ist, und es ist gut, wie es ist. Alles ist es wert, nachgeahmt zu werden – es wird nicht gewählt. Es gibt keinen Unterschied zwischen Gut und Böse. Die Hingabe ist einfach vollkommen.

Wir haben unsere eigene Säuglingszeit vergessen, darum weiß man nicht mehr, wie es war. Doch man kann gleichsam meditativ einen Säugling betrachten und dann mit seinem ganzen *Sein* erleben, was man sieht, hört, aber auch imponderabel wahrnimmt. Dann wird man selbst ‚sehen‘, wie vollkommen ein Baby in der Wahrnehmung lebt, aber auch wie machtlos. Man stelle sich vor, dass das Kind *alles* aufnimmt, ohne Interpretation – die die Wahrnehmung abschwächt –, also auch ohne Urteil. Es kann nicht anders, als aufzunehmen, was angeboten wird. Die Umgebung trifft die Wahl. Es kann beklemmend sein, sich dies klarzumachen, weil man sich dadurch einer ungeheuren Verantwortlichkeit bewusst wird. Doch diese hat man auch, wenn man sich ihrer nicht bewusst ist und *gut* erziehen will.

Auch hier ist es so notwendig, dass man sich als Mensch als beschränkt erleben kann, dass man seine Grenzen kennt. Dann weiß man, dass man unwiderruflich Fehler machen wird, dass man selbst ein Lehrling in der Erziehung ist. Dass man als Lehrling jedoch auch jeden Tag einen Schritt in Richtung Meisterschaft macht. Und gerade diese eigene Entwicklung ist dasjenige, was in der Erziehung von Kindern am allermeisten befruchtend wirkt. Dies nehmen sie unmittelbar wahr. Der Status quo ist viel weniger wichtig als das *Werden*, von Tag zu Tag. Dies ist das schönste Geschenk für Kinder: Erzieher, die ihre Beschränkungen kennen, ihre Verantwortlichkeit sehen – und die erleben, dass sie von Tag zu Tag lernen, besser zu erziehen.

Doch jede Situation für sich ist wesentlich, in ihr offenbart sich das *Werden*. Ein großes Problem in der heutigen Zeit ist die Fülle gedanklicher Vorstellungen. Alle Erwachsenen laufen träumend herum, und ihre Träume bestehen aus einer ganzen Reihe assoziativer Gedanken und Gefühle. Man kennt das von sich selbst, aber man kann es auch bei anderen ‚sehen‘ lernen. Sie tun alles Mögliche, aber ohne Anteilnahme. Die Hände sind beschäftigt, die Sinne nehmen wahr, doch ein Großteil der Gedanken und Gefühle macht etwas anderes, ist anderweitig in Beschlag genommen.

Ein Baby, ein Säugling nimmt das in sich auf, als Bild, als wirkenden Gedanken, der bis in die Leibesprozesse wirksam wird. Aber das Kind macht auch alles nach. Es kann natürlich nicht das In-Beschlag-genommen-Sein nachmachen, denn es hat noch kein selbstständiges Seelenleben.

Doch eine wohlbewusste, in Liebe vollzogene Handlung ergibt völlig andere Bewegungen als eine gedankenlose. *Das* wird wahrgenommen und nachgeahmt, wie eine Naturnotwendigkeit.

Man vergleiche einmal eine Reihe stapelbarer Plastikbecher in grellen Farben mit einem hölzernen Ständer mit Holzringen in sanften, ineinander übergehenden Farben. Man versuche einmal selbst, ein Baby nachzuahmen und sich ganz der Wahrnehmung der Plastiktürme und der hölzernen Ringe hinzugeben (auch tasten, schmecken!). Dann bleibt es keine Theorie, dass dieses zart gefärbte, schöne, hölzerne Spielzeug besser ist als die Plastikbecher. Denn man erlebt selbst den Unterschied. Und man bedenke dabei, dass man noch lange nicht so total wahrnimmt wie ein Baby und dass man das Vermögen des Nachahmens verlernt hat.

Von allem, was uns umgibt, gehen Wirkungen aus, ‚Gebärden'. Der Plastikbecher aus der Fabrik macht eine andere Gebärde als der mit Liebe gemachte und gefärbte Holzring. Und es ist diese *Gebärde*, die das Kind nachmacht, exakt.

Nun kommen Oma und Opa zu Besuch und bringen als Geschenk genau solch ein Plastikspielzeug in grellen Farben mit.

Ist man inzwischen fanatisch geworden, lehnt man das Geschenk ab. Doch damit macht man auch eine Gebärde, eine menschlich-moralische Gebärde. Man stößt etwas von sich, was in Liebe gegeben wurde – auch wenn Oma und Opa vielleicht gedankenlos sind oder sogar Widerstände gegen die eigene tiefere Betrachtung haben. Die Wirkung zwischen den Eltern und den Großeltern ist auch eine Gebärde, diese wird aufgenommen und nachgeahmt. *Diese* Gebärde ist möglicherweise hässlicher als das grelle Plastikspielzeug.

In dieser Weise suchen wir nach einem Mittelweg. Das Leben wird dadurch gewiss nicht leichter, und viele Menschen haben keine Lust auf ein solches Sich-Bewusstmachen der Verantwortlichkeit. Es erscheint schließlich wie ein unausführbares Unternehmen.

Doch gut zu erziehen, *ist* gerade diese Bewusstwerdung. Sie überstrahlt als Wirkung alle Fehler und Misserfolge. Es ist ein Wille zur Selbsterziehung beim Erzieher, und dies ist die schönste, die beste Umgebung für das kleine, aufwachsende Kind.

Man wird sich seiner Liebe zum Kind viel bewusster werden, wenn man sich auf diese Weise übend in die Wechselwirkung zwischen Kind und Umgebung vertieft.

Solange die Liebe bloß leiblich ist, kann sie nur zu einer teilweisen Erziehung impulsieren. Diese bleibt dann auf die Familie, die Erblichkeit, die Umgebung, den Intellekt, die Berufswahl usw. gerichtet.

Nun kommt diese Liebe auch aus dem Übrigen, aus dem, was man als ‚imponderabel' zu erleben beginnt, was aber dennoch ebenso wirklich wird wie das Leibliche. Das *Wesentliche* erfasst die Liebe, sie ist *eins* mit diesem.

Eine solche Liebe ist nicht nur für Eltern und Familie möglich. Erzieherinnen in der Krippe können ebenfalls lernen, sich dafür zu öffnen. Sie wirken dann daran mit, dass das ‚notwendige Übel', das ein Aspekt der Krippe ist, zu etwas wird, was wirklich *gut* ist. Auch ein Babysitter kann für dieses Unmessbare, was ein kleines Kind an und um sich hat, und für die Unschuld in der Hingabe an alles, was ist, erwachen. Jeder, der mit kleinen Kindern in Kontakt kommt, kann sich in die oben beschriebenen Eigenschaften und Wechselwirkungen vertiefen. Darin wird unausweichlich die Liebe gefunden, weil sie darin webt und wirkt.

Man kommt zu Erinnerungen, die nie wieder aufsteigen würden, wenn man sich nicht in dieser Weise vertiefen würde. Es sind keine Erinnerungen an Geschehnisse, sondern Gewahrwerdungen einer Metamorphose in eine völlig andere Seinsweise – die totale Hingabe in der Wahrnehmung mit den Sinnen, wobei viel, viel mehr wahrgenommen wird, als es die erwachsenen Sinne vermögen. Dieses Weben in der Feinheit alles dessen, was ist, noch bevor das Denken entwickelt ist, steigt sehr zart in der Erinnerung auf: Man hat es schließlich auch selbst einmal so vermocht – jenseits alles Selbstbewusstseins und aller Erinnerung. Dennoch kann man einen Hauch dessen wiederfinden, wenn man Säuglinge intensiv wahrnehmen lernt und die Erlebnisse meditativ vertieft – ohne zu phantasieren, ohne etwas hinzuzufügen.

Vielleicht fühlte man es bereits, dass man einen Säugling nicht vor den Fernseher setzen darf – obwohl man dann überhaupt keine Last mehr mit dem Kind hätte. Es geht nicht einmal darum, *was* es sieht, nicht um den Inhalt. Ein kleines Kind nimmt nicht nur den Inhalt der Bilder auf. Es nimmt auch wahr, was darunter liegt. Natürlich nicht wie ein Techniker, sondern als ein Wesen, das alles aufsaugt, wie es in Wirklichkeit ist.

Manchmal, in einem Zustand von psychischem Chaos, kann ein Erwachsener dies auch haben. Dann nimmt das Bewusstsein die Bilder nicht in einer Übersicht auf, wodurch Filmbilder entstehen, die Illusion sich bewegender Menschen zum Beispiel, sondern es können nur die Details aufgenommen werden, wie etwa die rasendschnelle Aufeinanderfolge stillstehender Bilder, wodurch Bewegung *suggeriert* wird. In alten Filmen kann man dies auch mit gesunder Perzeption noch wahrnehmen. Die heutige digitale Technik dagegen ist so perfekt, dass die Suggestion nicht mehr zu durchschauen ist, außer für einen Menschen in einem psychischen Chaos – oder für ein kleines Kind.

71

Später wird es dem Phänomen des Fernsehers nicht mehr entkommen können. In der allerfrühesten Zeit ist dies sehr wohl möglich, das Kind fragt schließlich nicht danach. Man braucht es nur davon fernzuhalten. Das bedeutet auch: selbst darauf verzichten, wenn das Kind mit im Zimmer ist.

Ein Kind nimmt die Illusion wie eine Wirklichkeit auf. Unbewusst und sehr elementar entsteht daraus die Überzeugung, dass es Leben und Bewegung nicht gibt, dass es Schein ist, dass das ganze Dasein aus Aneinanderreihungen kleinster Teilchen besteht, dass es kein Ganzes gibt und dass das, was man sieht und hört, Illusionen einer in Wirklichkeit nur aus Teilchen bestehenden Welt sind. *Denken* tut dies kein einziges Kind. Könnte es das, so könnte es immerhin noch zweifeln. Hier jedoch schlüpft etwas in das Kind hinein, was sich *unerkannt* einnistet.

Doch auch hier gilt wieder: Nicht fanatisch werden! Nicht davor erschrecken! Wir müssen diesen Dingen ruhig ins Auge sehen, sie so tief wie möglich in uns aufnehmen und erleben. *Dies* wird uns die richtige Haltung dazu geben. Kinder werden nun einmal auch *jetzt* geboren, inmitten von Computer und Fernsehen. Das *suchen* sie also auch. Erziehungskunst ist das Finden des richtigen Weges in alledem, der fortwährende Weg zwischen Extremen, eine Balance, die dennoch immer wieder zur einen oder anderen Seite ausschlägt. Wenn man nur immer wieder die ruhige Mitte wiederfindet.

Dieses Suchen ist die wirksamste positive Kraft in der Erziehung – sie wird von dem Kind noch viel intensiver aufgenommen als die Fernsehbilder und das Plastikspielzeug.

DIE ENTWICKLUNG IM ERSTEN LEBENSJAHR

Wenn man ein Lehrling in der hier beschriebenen Erziehungskunst wird, hat man natürlich nicht unmittelbar die Meisterschaft erreicht. Man kann verzweifeln und denken: Dafür brauche ich ein ganzes Leben, vielleicht kann ich ein guter Opa oder eine gute Oma werden – ein guter Vater, eine gute Mutter, Tagesmutter oder Babysitterin, das schaffe ich nicht!

Dann kommt es darauf an, zurückzuschauen. Wenn man sich mit dieser inneren Herangehensweise an die Frage: was ist ein Kind? einige Monate lang energisch beschäftigt hat, dann schaue man einmal zurück, auf den Anfang, vor zwei Monaten, vor einem Monat. Man sieht seine eigene Entwicklung, die Veränderungen, die sich im Umgang mit dem Kind und mit sich selbst und seiner Umgebung gezeigt haben. *Das* ist das ‚Diplom‘, das man immer wieder empfängt – dass man denkt: Wenn ich es jetzt noch einmal tun könnte, *dann* würde ich wissen, wie es gemacht werden müsste! Aber das zweite Kind ist wieder *so* anders, dass der Prozess nur weitergehen kann; ein Ziel erreicht man nicht, man sieht die Entwicklung seiner Fähigkeiten im Rückblick dennoch.

Im ersten Lebensjahr sieht man, wie das kleine Kind allmählich immer mehr und immer länger wach ist; man sieht ein wachsendes Interesse für die Umgebung, eine Verfeinerung des Nachahmens.

Zwei großartige menschliche Fähigkeiten fallen auf, die beginnen, sich zu entwickeln. Im Laufe des Jahres folgt das Kind immer mehr dem Drang, sich aufzurichten. Sich aufsetzen, sich aus der Bauchlage aufstützen, um zu kriechen; versuchen, sich in den Stand hochzuziehen. Das ist der eine Impuls.

Der andere ist die Vorübung für das Sprechen. Zuerst sind es nur Töne im Weinen – was an sich auch eine rein menschliche Qualität ist. Ein Tier weint nicht, es winselt höchstens. Weinen ist menschlich.

Im Weinen lebt die Unlust. Langsam versucht das Kind auch, die menschlichen Töne nachzuahmen. Das ist ein wunderschöner Augenblick, wenn das Baby daliegt und beginnt, Laute zu machen. Es sind noch keine Vokale oder Konsonanten, es ist ein zum Laut gewordener Atemstrom. Man sieht, dass es sich selbst hört, was dazu anspornt, es wieder und wieder zu versuchen. Allmählich wird der Laut zu einem Klang, zum ‚a‘, und das Kind lernt, davor die Lippen aufeinanderzulegen: mamamama, papapapa. Das lautlose Lächeln wird zum Girren, zum Lachen.

Dafür ist kein Unterricht, kein Lehrer nötig. Nie könnte man ein Baby lehren, wie es ‚a‘ oder ‚Mama‘ sagen soll, wie es den Luftstrom steuern und den Mund bewegen soll, wie es weinen und lachen soll... Gesangslehrer und Logopäden könnten von Babys ihr Fach lernen. Ein Baby ‚weiß‘, wie man sprechen lernt – ohne es zu wissen.

Im ersten Lebensjahr sieht man also eine allmähliche Befreiung aus dem mehr vegetativen Leben des Essens und Schlafens, eine zarte Befreiung psychischer Funktionen: Wahrnehmung, Erleben, erste Erfahrungen, Nachahmung. Das Kind lernt, den Leib als Instrument zu bespielen, durch Spiel, Bewegung, Sich-Aufrichten, Vorübungen für das Sprechen.

Ein Kind hat noch nicht die Faulheit des Erwachsenen,

die Sehnsucht, ‚nichts zu müssen'. Wenn das Kind wach ist, ‚arbeitet' es unaufhörlich an der Entwicklung, dies ist das allergrößte Vergnügen. Es wird nicht auf dieselbe Weise müde wie wir. Wir werden durch uns selbst müde. Ein Baby wird müde, weil es Zeit für das Essen und Schlafen ist, es verläuft noch andersherum. Wir denken: Ich bin müde, ich gehe schlafen. Ein Baby muss schlafen gehen, also ist es müde. Alles beim Baby kommt von außen, auch der Drang, sich zu entwickeln.

Alles wirkt durch das Vorbild, auch wenn die Erwachsenen völlig vergessen, dass sie Vorbild sind...

Wir werden in dem Maße bessere Erzieher, wie wir für das Wesentliche in der Entwicklung des Kindes aufmerksam werden und sind. Statt zahllose Ratschläge zu geben, will ich in diesem Buch gerade hierauf hinweisen, und darum gebe ich Beispiele für Besinnungsübungen, durch die man diese Aufmerksamkeit entwickelt. Die Übungen haben einen meditativen Charakter, weil sie in einem langen, konzentrierten Stillstehen bestehen, einer konzentrierten Besinnung auf bestimmte Aspekte des Kindseins, an denen im gewöhnlichen Dasein mit Kindern vorbeigelebt wird. Es sind selbstverständliche, bekannte Bilder, die jedoch durch die im Leben herrschende Eile ungenügend zu Bewusstsein kommen.

Man richte seine Andacht auf seine Erinnerung an das Baby, das gerade wach geworden ist und *nicht* unmittelbar beginnt, zu weinen, sondern das wach daliegt, schaut, Laute hervorbringt. Man ist in das Zimmer gekommen, und das Kind reagiert natürlich unmittelbar auf einen, doch zuvor, bevor es einen sah, hat man die Hingabe in der Aufmerksamkeit des Kindes wahrgenommen, und man sah die Ruhe, etwas, was nicht durch Worte ausgedrückt werden kann; etwas, was sich in der Besinnung darauf erweitert, wie eine Art Aura um das Kind, mit der es kommuniziert, die für einen selbst unsichtbar ist – in der Besinnung aber zunehmend erlebbar werden kann.

Dann sieht das Kind einen, und die Hingabe richtet sich nun auf einen selbst – das Leben nimmt seinen Lauf. Doch in einer Besinnung – zu einem anderen Zeitpunkt – kann man diese Wahrnehmung wieder zur Vorstellung machen. Man wird sehen, dass man eine Erweiterung seiner Erlebnisse entwickelt. Und gerade *solche* Erlebnisse lassen einen auf die richtige Weise in Verbindung mit dem Sichtbaren und dem Unsichtbaren des Kindes kommen: Man *weiß*, was gut ist und was nicht, immer mehr, immer besser.

Wenn das Kind sich aufrichtet, sei es zum Sitzen, sei es zum Stehen, dann schaue man einmal nicht auf das Resultat, nicht darauf, ob es gelingt oder nicht. Man versuche, den *Impuls* zum Sich-Aufrichten mitzuempfinden – und später in der Besinnung von neuem zu fassen und zu intensivieren. Immer mehr wird man gewahr werden, dass es eine Willenskraft ist, die von außen kommt, so als ob das Kind eine unsichtbare Hand gereicht bekäme. Wenn man Fotos und Filme macht, ist es gerade *dies*, was verschwindet, was nicht mit fotografiert oder gefilmt werden kann. Zwar kann man es aus seiner Erinnerung hinzufügen – aber der Film oder das Foto selbst zeigen es nicht mehr.

Fast alle Menschen empfinden in bestimmten Augenblicken tiefe Rührung, sie sind tief berührt von dem ‚Sein' des kleinen Kindes. Zärtlichkeit und Liebe nennt man dieses Berührtsein, diese Rührung. Sie entsteht nicht nur durch das Sehen und Empfinden dieses jungen, winzigen Leibes in all seiner Vollkommenheit. Dies ist sicherlich auch ein tief berührendes Erleben. Doch unbewusst nimmt jeder Mensch, der ein Baby anschaut, der es hochnimmt, festhält, dasjenige wahr, was Inhalt dieses Buches ist: das Imponderable. Es ist die unschuldige Hingabe, der Impuls zur Nachahmung, und über alledem diese übersinnliche Aura, die noch nicht menschlich, sondern göttlich ist. Zwar dämmert darin schon das Persönliche, aber das Kind lebt noch in Ruhe, eingebettet in Gott. Dies erweckt unerschöpfliche Liebe in dem Erwachsenen, vorausgesetzt, er ist nicht gehetzt oder überreizt. Es erweckt die Sehnsucht nach dieser Vollkommenheit, die jeder Mensch gehabt hat, die jeder Mensch verlieren muss, um eine frei entscheidende und selbstbewusste Persönlichkeit zu werden. Doch in allen Menschen lebt eine zarte Sehnsucht nach einer Verbindung zwischen der Freiheit und der heiligen Unschuld des Kindes. Es ist uns ein Vorbild. Nicht als Individuum, sondern als *Kindsein*.

Novalis ist ein Meister im Übersetzen dieser Gefühle. Er malt keine Madonnen auf die Leinwand, sondern er bringt sie in die Poesie. Er betet gleichsam zur Jungfrau mit dem kleinen Gott auf dem Arm und sehnt sich nach der Unschuld der Kindheit. Das moderne Gemüt kann dies oft nicht gut ertragen. Doch wenn man besonnen kleine Kinder anschaut und erlebt, was im eigenen Gemüt aufsteigt, dann gewöhnt man sich an solche Gefühle. Denn es sind Urbilder, die jeder Mensch in sich trägt und die geweckt werden wollen.

Man gebe einmal allen Widerstand auf, entspanne Leib und Seele und nehme das Folgende in sich auf, während man sich das Bild der Sixtinischen Madonna von Raffael vorstellt. Das vierzehnte von Novalis' ‚geistlichen Liedern':

Wer einmal, Mutter, dich erblickt,
Wird vom Verderben nie bestrickt,
Trennung von dir muß ihn betrüben,
Ewig wird er dich brünstig lieben
Und deiner Huld Erinnerung
Bleibt fortan seines Geistes höchster Schwung.

Ich mein' es herzlich gut mit dir.
Was mir gebricht, siehst du in mir.
Laß, süße Mutter, dich erweichen,
Einmal gib mir ein frohes Zeichen.
Mein ganzes Dasein ruht in dir,
Nur einen Augenblick sei du bei mir.

Oft, wenn ich träumte, sah ich dich
So schön, so herzensinniglich,
Der kleine Gott auf deinen Armen
Wollt' des Gespielen sich erbarmen;
Du aber hobst den hehren Blick
Und gingst in tiefe Wolkenpracht zurück:

Was hab' ich, Armer, dir getan?
Noch bet' ich dich voll Sehnsucht an,
Sind deine heiligen Kapellen
Nicht meines Lebens Ruhestellen?
Gebenedeite Königin
Nimm dieses Herz mit diesem Leben hin.

Du weißt, geliebte Königin,
Wie ich so ganz dein eigen bin.
Hab' ich nicht schon seit langen Jahren
Im Stillen deine Huld erfahren?
Als ich kaum meiner noch bewußt,
Sog ich schon Milch aus deiner selgen Brust.

Unzähligmal standst du bei mir,
Mit Kindeslust sah ich nach dir,
Dein Kindlein gab mir seine Hände,
Daß es dereinst mich wieder fände;
Du lächeltest voll Zärtlichkeit
Und küßtest mich, o himmelsüße Zeit!

Fern steht nun diese selge Welt,
Gram hat sich längst zu mir gesellt,
Betrübt bin ich umher gegangen,
Hab' ich mich denn so schwer vergangen?
Kindlich berühr' ich deinen Saum,
Erwecke mich aus diesem schweren Traum.

Darf nur ein Kind dein Antlitz schaun,
Und deinem Beistand fest vertraun,
So löse doch des Alters Binde
Und mache mich zu deinem Kinde:
Die Kindeslieb' und Kindestreu
Wohnt mir von jener goldnen Zeit noch bei.

Es ist keine gewöhnliche katholische Marienverehrung, denn Novalis war nicht katholisch. Das befreit dieses Gedicht aus aller Tradition. Man erlebt nicht nur die ‚Mutter', man erlebt vor allem den Verlust der kindlichen Unschuld, Liebe und Treue – die man daraufhin bei kleinen Kindern viel besser bemerken, wahrnehmen, empfinden, ‚schauen' kann.

Der erste Punkt der Andacht war also die erhöhte Aufmerksamkeit für die übersinnliche Umgebung, in der das Kind noch lebt: die ‚Huld'. Der zweite Punkt ist die Wahrnehmung der Kraft, des Impulses, sich aufzurichten, nicht auf das Resultat gerichtet, sondern als Kraft an sich. Der dritte Punkt ist dann das besonnene Verfolgen der Entwicklung.

Man kann ‚sehen' lernen, wie das Baby aus einer totalen, allgemeinen Hingabe allmählich etwas ‚befreit', etwas Eigenes zu entwickeln beginnt, in dem Maße, wie das Resultat der Nachahmung – die motorische und psychische Entwicklung – mehr und mehr Form gewinnt. Das Lächeln, das Spielen mit den Händchen, das Greifen, das Festhalten, etwas von der einen in die andere Hand geben, das Girren, das Lachen, das Probieren von Tönen; das Sich-Umschauen, das Kontakt-Aufnehmen, das Spielen mit den Füßen, das Spielen mit Spielzeug, Papier, mit etwas, was Geräusche macht; das Sich-zur-Seite-Drehen, Sich-Herumrollen, Sich-Aufstützen, Hochziehen, Hinsetzen, Stehen, ‚Entlanglaufen'... Das Werfen, Wegstoßen, das Fremdeln, die Vorlieben, das Kosten: dies ist lecker, das schmeckt nicht. Es ist etwas, was sich aus dem allgemeinen Hintergrund loszulösen beginnt, sichtbar zu werden beginnt, und sei es noch so zart. Äußeres, Verhalten, Vorlieben, Widerwillen, Bewegungsmuster, Wachstumstempo, das Tempo der Entwicklung.

Hierin lebt die Individualität, die auf die Erde kommt und die sich mit dem vererbten Teil des Leibes und den Anregungen und Hindernissen aus der Umgebung auseinandersetzt.

Ein guter Erzieher wird dies immer mehr gewahr, er erlebt in der zunehmenden Differenzierung etwas ‚Wesenhaftes', in Bezug auf das das Bewusstsein wächst: Diesem ‚Wesen' will ich so sehr, wie es in meinem Vermögen liegt, freie Bahn schaffen, auf dieser Erde es selbst zu werden – was auch immer dies bedeuten möge.

ZWISCHEN ERSTEM UND VIERTEM LEBENSJAHR – DAS KLEINKIND

GEHEN, SPRECHEN, DENKEN

Wir haben gesehen, wie ein Lernprozess in Gang kommt, der so großartig ist, dass unsere Unterrichtsprogramme für ältere Kinder davor verblassen. Wenn man sich wirklich in das Leben eines Babys, eines Kleinkindes vertieft, dann sieht man, wie dieses ganz aus dem ursprünglichen Menschsein heraus Gestalt gewinnt. Es ist kein Lehrmaterial nötig, das Kind folgt einem unlesbaren Programm, *alle* Kinder mit einer gesunden Entwicklung folgen einem solchen, sie führen es vollkommen und zielsicher aus. Könnten wir auf dieselbe zielsichere Weise später unterrichten, unsere Unterrichtsprogramme so schreiben, wie es der *Mensch* in uns verlangt – dann erst würde der Unterricht das sein, wonach wir uns sehnen.

Wir haben erlebt, wie das Baby beginnt, etwas Eigenes aus dem Allgemein-Kindlichen zum Vorschein kommen zu lassen. Dies setzt sich bis in das Erwachsenenalter fort, verläuft jedoch nicht in gerader Linie. Es finden erschütternde Sprünge statt, und die Kunst in einer guten Erziehung ist es, diese auch wirklich wahrzunehmen, zu verstehen und ... zu begleiten.

Im Lebensalter von ein bis vier Jahren finden vier solche erschütternde, rein menschliche Entwicklungsschritte statt: Das Aufrichten und Laufenlernen, das Sprechen, das Denken und das ,Ich'-Sagen.

Man braucht wirklich nicht *mehr* zu tun, als begreifend wahrzunehmen, und man wird selbst erleben, dass diese

vier Geschehnisse ihre Impulsierung nicht aus der Vererbung heraus finden, sondern aus demjenigen, was wir
,imponderabel' genannt haben. Wir können auch sagen:
aus der geistigen Führung des Kindes heraus, die eine sehr
differenzierte ist. Die eigene Individualität, das geistige be-
schützende Wesen (der ,Schutzengel') und die allerhöchs-
te geistige Führung, der ich hier vorläufig keinen Namen
gebe, die aber die umfassende geistige Wirklichkeit ist.

Vom Lesen- und Schreibenlernen kann man sagen, dass
der Erzieher es dem Kind beibringt – obwohl es auch Kinder gibt, die sich durch Nachahmung des lesenden Erwachsenen *selbst* das Lesen beibringen; sie brauchen nur ab
und zu etwas zu fragen. In jedem Fall aber geht dies nicht
wie eine Naturnotwendigkeit – die zugleich eine Geistnot-
wendigkeit ist –, seinen eigenen Gang, wie es beim Laufen,
Sprechen, Denken und ,Ich'-Sagen der Fall ist.

Wir wollen einmal unseren ganz aufmerksamen, ver-
ständnisvollen Blick auf das Kleinkind richten, das schon
gelernt hat, sich aufzurichten, das mit Stütze stehen kann,
ab und zu kurz die Hände loslässt und selbst steht, das
irgendwo ,entlangläuft' und dann plötzlich ein oder zwei
Schritte allein macht – und umfällt. Das ist ein großartiger
Moment. Heutzutage ist es meistens der Babysitter oder
der Erzieher, der ihn miterlebt, deshalb ist dieses Buch
auch für Erzieherinnen so wichtig.

Es gibt einen unwiderstehlichen Drang im Kind, sich aufzurichten, die Stütze loszulassen und ... sich aufgerichtet zu
bewegen, fortzubewegen. Diesen Drang kann man keinem
Kind beibringen, es *hat* ihn, und es verfügt über die zunehmende Beherrschung des Leibes, der Schwerkraft, des
Gleichgewichtes, um diesen Drang immer besser zu entfalten.

Jemand der rein materiell wahrnimmt, der nichts anderes tut, als ohne Denken, gedankenlos, seine Sinne zu be-

nutzen, kann zu dem Schluss kommen, dass dieser ganze Prozesse rein physisch sei. Er nimmt schließlich nur Physisches wahr.

Wenn man dagegen seine Wahrnehmung intensiviert, sodann auch erlebt, fügt man der Wahrnehmung mit den Sinnen den Denker-Blick hinzu. Das Denken lebt dann nicht in Meinungen, Urteilen, Schlussfolgerungen, sondern in einem Verstärken der *Andacht*, der Aufmerksamkeit. Die Sinneswahrnehmung bleibt dieselbe, die Zunahme an Kraft ist Gedanken-Kraft, ohne andere Gedanken als nur solche, die die Sinneswahrnehmung einem gibt. Das klingt kompliziert, doch es ist einfach.

Die Sinne können einem das Imponderable nicht geben; es ist die Intensivierung der Andacht und der Besinnung, darin leben die übersinnlichen Kräfte, die im Kind und um das Kind wirksam sind. Mit den Sinnen – den Augen, Ohren, dem Geruch, Geschmack, dem Tastsinn, dem Wärmesinn – nimmt man das Physische wahr. Sobald man seine Andacht verschärft, beginnt man zu *erleben*, was man wahrnimmt; man besinnt sich, nimmt mit gerade *diesen* Kräften das Imponderable wahr. Man muss sich nur daran gewöhnen, indem man es tut, immer und immer wieder.

Man muss lernen, auf die eigene Andacht und Hingabe zu achten, denn darin lebt dieselbe Kraft, die dem Kind hilft, sich aufzurichten. Man gibt ihm seine physischen Hände, um es zu stützen und ihm zu helfen. Aber es will *alleine*, selbst, und man lässt es kurz los. Es steht allein! Man ‚sieht' die übersinnliche Hand, die das Kind begleitet. Der Stand der Füße muss sich verändern, die Knie, die Hüften. Die Hände werden frei, auch das ist ein Menschlichwerden des Kindes. Immer weniger braucht es die Hände als Stütze und kann zum Beispiel laufend etwas zeigen, winken...

Unerschrocken strebt es weiter, fallen, aufstehen, fallen, sich aufrappeln, aufstehen, wieder einen Schritt weiter, in die Richtung von Papa, der mit offenen Armen in der Hocke als sicherer Hafen auf das Kind wartet...

Das Erziehen in dieser Weise gibt nicht nur unseren Kindern das Beste, es ist auch eine Erziehung von uns selbst. Denn es *wirkt* in einem, wenn man die Geduld, die Hingabe, das trotz aller Misserfolge unablässige Streben, in sich aufnimmt. Fallen, aufstehen, fallen, sich aufrappeln, und wieder, und wieder, und wieder. Warum sollte man in seinen späteren Unternehmungen *unmittelbar* Erfolg haben? Wo ist die Ausdauer geblieben, die Sicherheit, dass man es können wird, die man als Kind noch hatte, als man scheinbar aus sich heraus laufen gelernt hat?

Man nehme sich die Zeit, die Kinder zu beobachten, anzuschauen, man verstärke seine Andacht, vergesse einmal all das ‚Nützliche', was man noch tun muss.

Man nehme sich auch abends noch ein paar Minuten, um sich an diese Momente zu erinnern, sie verstärkt vorzustellen, sie zu ‚trinken', sich damit zu durchdringen – ohne weitere Gedanken, die Gedanken-Kraft genügt völlig.

Das *Sprechenlernen* liegt in derselben Kraft der Impulsivität, die keines Lehrers bedarf. Die angeborene menschliche Fähigkeit des Nachmachens, Nachahmens, ist das Instrument, mit dessen Hilfe das Sprechenlernen zustande kommt. Die sprechenden Menschen, die das Kind umgeben, liefern das ‚Material'.

Wir hatten unsere Andacht schon dem Prozess gewidmet, in dem das Kind die Laute, die es macht, immer mehr verfeinert. Angefangen bei noch ungeformten Tönen, werden es Vokale, immer mehr umrahmt von Konsonanten, die geübt werden – durch die Variation der Beweglichkeit der Mundwinkel, der Lippen, in Zusammenhang mit dem Luftstrom, in Interaktion mit diesem, während er durch die Stimmritze zum Laut wird. Es ist sehr lehrreich, die Aufmerksamkeit einmal auf das Formen von Tönen und Vokalen bei sich selbst zu richten. Ein ‚A' erfordert eine ganz andere Spannung der Stimmritze als ein ‚E‘, ein ‚U‘, ein ‚I‘, ein ‚O‘. Man vergleiche einmal ‚Puppe‘ und ‚Kuchen‘, ‚Papa‘ und ‚Mappe‘. Wenn man dabei genau auf die Bewegungen der Lippen, des Gaumens, der Zunge, der Zähne achtet, macht man wundersame Entdeckungen. Man versteht dann besser, womit das Kind beschäftigt ist.

Es hört ‚Guten Tag!‘, und bringt es vorläufig nicht weiter als ‚ta!‘ oder ‚tata!‘ Aber es wird nicht ruhen, bis es schließlich auch das ‚g‘ formen kann. Hier spielen nicht nur Auge und Ohr eine Rolle, sondern auch etwas, was man einen Sinn für den Klang nennen könnte. Und ohne, dass irgendetwas dazwischentritt, kann das Kind diese Klangwahrnehmung *so* nachahmen, dass derselbe Klang hervorgebracht werden kann, bis in die Feinheiten eines eventuellen Dialektes.

Es muss in der Umgebung des kleinen Kindes also viel gesprochen werden, auch muss das Kind angesprochen werden. Fortwährend erzählen, was man gerade macht; auf das reagieren, was das Kind macht und sagt, so viel wie möglich. Die abstrakte Ratio schämt sich davor, man findet es ‚sonderbar‘, alles laut zu sagen. Doch das Kind braucht dies ebenso dringend wie das Essen, Trinken und Schlafen.

Je mehr man sich darin vertieft, desto größer wird das Mysterium des Sprechenlernens. Denn das Kind *sieht* schließlich die Bewegungen von Kehlkopf und Mundhöhle nicht, und doch ahmt es perfekt nach, aufgrund des Klanges und des Lautes selbst. Und wenn man daraufhin dann auf die unendliche Variation an Kombinationen von Vokalen und Konsonanten in den *Worten einer bestimmten Sprache* aufmerksam wird, dann empfindet man eine tiefe Verwunderung über dieses ‚Mysterium des Wortes‘.

Man sieht dann auch, dass anfangs Worte ohne Bedeutung entstehen. Das Kind brabbelt zwar ‚mamamamam‘, ‚papapap‘, aber es verbindet damit noch keine Bedeutung.

Da liegt der Übergang zum Denken, den wir hiernach besprechen werden. Die Übung des Sprachorganismus ist in erster Linie Übung, Ausbildung und Gebrauch der Sprachorgane selbst – immer präziser, feiner, vollkommener. Dinge und Wesen, die Geräusche machen, werden zuerst nach ihrem Geräusch benannt: maumau, wauwau, tut-tut. Doch *diese* Nachahmung wird nie so vollkommen wie die Nachahmung eines gesprochenen Wortes. Wauwau ist trotz allem ein Name, kein Hundegebell. Der Mensch lernt das Sprechen als ein Aussprechen von Namen. Wozu diese Namen gehören, dies wird dann durch das Denken entdeckt – auch durch Nachahmung.

Das Sprechen wird vollkommen zur Gewohnheit, ohne jede Kenntnis der Grammatik, des Satzbaus und dergleichen. Dies wird erst viel später bewusst gemacht, wenn das Kind zur Schule geht. Im Sprechen scheint schon etwas Intellektuelles zu stecken, doch wer die Entwicklung genau verfolgt, sieht, dass dies absolut nicht der Fall ist. Sprechen entwickelt sich auf der Basis einer gesunden Leib-Seele-Geist-Notwendigkeit, aus einem elementaren, spezifisch menschlichen Drang heraus. Als Erzieher hat man nichts anderes zu tun, als das Kind mit guten, schönen, oft gesprochenen Worten zu umgeben.

Aber auch das ‚aus der Rolle fallen‘ gehört zur Sprachentwicklung dazu. Erziehen ist ein fortwährendes Spannungsfeld zwischen dem idealen Vorbild und aufgesetzter idealistischer Anspannung. Die letztere sollte aber in Wirklichkeit gar nicht entstehen. Erzieher, die ganz entspannt sie selbst sind und die *dennoch* das Ideal kennen und danach streben, sind die besten Erzieher. Wenn man das Kind mit Schein-Heiligkeit, mit angespanntem Idealismus umgeben würde, würde das Kind dies vollkommen durchschauen – und nachahmen. Das Leben ist kein Theaterstück, in dem jeder seine Rolle kennt.

Man muss vor allem den Mut haben, auch etwas falsch

zu machen und sich dann jedes Mal zu bekennen: Ich bin selbst noch nicht ideal, ich strebe nur, so gut ich kann.

Kommen die älteren Kinder mit Schimpfworten nach Hause und vergreift man sich selbst einmal in der Wahl seiner Worte – so gehört auch dies zu dem Prozess, sich auf der Erde zu beheimaten. Es soll natürlich nicht zur Gewohnheit werden.

Es ist bei der Sprachentwicklung also deutlich, dass das Kind in voller Hingabe aufnimmt, was es sieht und hört, und durch die Veranlagung auf das Wort hin imstande ist, dies alles so zu verinnerlichen, dass es das Aufgenommene exakt zu imitieren lernt.

Wenn man ein guter Erzieher kleiner Kinder sein will, ist es wichtig, selbst auch etwas von dem Kind nachzuahmen: die volle, intensive Hingabe in der Wahrnehmung. *Dann* lernt man – in der eigenen intensiven Andacht und Hingabe – ‚sehen‘, wie das ‚Mysterium des Wortes‘, die Sprachentwicklung, beim Kind wirksam ist.

Das *Denkenlernen* ist viel schwieriger zu verfolgen, weil man das Denken nicht mehr sinnlich fassen kann. Das Laufen und Sprechen wird letztlich sinnlich wahrnehmbar, auch wenn man den Prozess nicht sieht. Das Denken bleibt im Verborgenen, und man kann es nur verfolgen, wenn man sein eigenes Denkvermögen intensiviert. Die verstärkte Andacht in der Wahrnehmung gibt einem hier keine ausreichende Stütze mehr, man muss noch weiter gehen.

Das Denkenlernen ist eine fortgesetzte Nachahmung, die nicht mehr nur auf dem Sinnlichen beruht, sondern auf der Interaktion mit den Menschen in der Umgebung. Intelligenz ist nicht nur eine Qualität des Gehirns, auch nicht nur eine ‚karmische Gegebenheit‘, sondern zu einem wichtigen Teil auch Folge der Interaktion mit Menschen.

Wie gesagt sind die ersten Worte bedeutungslos, sind sie nachgeahmte Klangübungen. Mamamam... Doch Mama fühlt sich dadurch angesprochen und reagiert erfreut mit dem Wort ‚Mama!'. Spricht sich selbst fortwährend mit diesem Namen an. In *dieser* Interaktion entsteht das Wissen, dass das Klang-Ganze ‚Mama' zu jenem geliebten Wesen, zu Mama gehört.

Das ist der Anfang eines unnachahmlich ingeniösen Prozesses: der Entwicklung des Denkens anhand der Sprache. Oder besser: das Umformen eines kosmischen Denkens in eine lebendige Bedeutung von Worten; die Entwicklung der Fähigkeit, Sätze zu begreifen und zu sprechen. Wird zuerst noch auf die Katze gezeigt und ‚Mau' gesagt, so kann allmählich bei einem Bild einer Katze auf die Frage ‚Was ist das?' die richtige Antwort gegeben werden. Oder es wird auf den Auftrag ‚Komm einmal her!' reagiert, indem das Kind wirklich kommt. ‚Mund auf!', und das Mündchen geht auf. Oder das Köpfchen wird im Protest abgewendet, das geht natürlich auch. Durch das Wahrnehmen entsteht das Sprechen, durch die Interaktion hingegen entsteht das Denken.

Die gewöhnliche Psychologie behauptet, die Bedeutungen würden sich mit den Worten durch oft genug stattfindendes Bestätigen oder Erkennen, also durch Gewohnheitsbildung verbinden. Aber damit wird der ingeniöse Prozess doch zu simpel gesehen.

Angenommen, das Kind hat einige lebendige Katzen gesehen und weiß nun, dass das Wort ‚Katze' dazugehört, dass es genau zu dieser Art von Tier gehört. Nun betrachten wir Bilder, und das Kind erkennt auch diese Katzen. Dies braucht uns nicht zu überraschen.

Nun aber zeigen wir dem Kind eine Zeichnung, auf der eine Katze mehr symbolisch dargestellt ist: Kopf, Sitzhaltung, Schwanz, sonst aber keine Farbe, kein Fell und so weiter. Auch dies erkennt das Kind unmittelbar als Katze. Auch die Lakritz-Katze wird als Katze erkannt. Das Kind sieht die charakteristische Gestalt, und diese gehört zu dem Wort ‚Katze'. Autistische Kinder können dies (meistens) nicht.

Um auch später, wenn das Kind zur Schule geht, die richtigen Einsichten über das *Lernen* zu haben, ist es notwendig, dass wir *schon jetzt* intensiv verstehen, wie das Denken entsteht. Nur dann können wir mit den verschiedenen Metamorphosen, die das Denken durchmacht, mitleben.

Man kann eigentlich gar nicht sagen, dass es *vor* dem Denkenlernen, wie es hier beschrieben ist, kein Denken gäbe. Denn wir hatten schon erlebt, dass die Weltgedanken das Kind denken, von Anfang an gibt es um das Kind herum, im Kind, Denken. Aber es denkt nicht *selbst*. Dieses Selbst-Denken wird anhand des gesprochenen Wortes und der Interaktion mit den Menschen entfaltet. Es ist die erste, zarte Metamorphose eines kosmischen lebendigen Denkens in ein tastendes, träumendes, sich bildendes eigenes Denken. Später wird das Denken mehr zu einem Instrument, um sich Wissen anzueignen. Bei dem sehr kleinen Kind ist es noch eine Selbstentfaltung. Das Denken eignet sich nicht nur Inhalt an, sondern es entfaltet sich anhand des Inhaltes. Je mehr mit dem Kind gesprochen wird, desto besser entfalten sich Sprache und Denken. Auch das Dabeisein bei Gesprächen zwischen Erwachsenen ist Lernstoff – auch wenn es hier überhaupt nicht um den Inhalt geht.

Wenn man genau wahrnimmt, muss man spüren können, dass dieser zarte Denkprozess ein Gewinn, zugleich aber auch ein Verlust ist.

Es wird nun aus dem allgemeinen, noch kosmischen, lebendigen geistigen Denken immer mehr ‚herausgetreten'. Es ist eine fortgesetzte Geburt auf Erden, ein Verlust des ‚Himmels'. Immer mehr Elemente des lebendigen Den-

91

kens, das als Weisheits-Kraft leibbildend wirkt, werden ihrer Lebendigkeit entkleidet und zur Erde geleitet, zunächst zwar zart, noch nicht abstrakt, doch der Anfang wird gemacht.

Man ,sieht', wie das Kind sich aus Notwendigkeit den irdischen Begriffen zuwendet, die mit den Sinnen und dem gesprochenen Wort zusammenhängen, und wie es die lebendige nicht-irdische Denk-Welt zurückdrängen, abweisen muss. Dies ist ein ganzer Prozess, der bis in das Erwachsenenalter weitergeht, in verschiedenen Metamorphosen. Das Erste ist: ein erstes ,Pflücken' von Begriffsessenzen, die als Begriff noch nicht bewusst sein können, sondern die im Tun verwendet werden. Es sind nicht nur die Dinge, die allmählich erkannt werden, es ist auch das ,Sein', das ,Haben', der ,Ort', die ,Eigenschaft': Das ist Papa!; die Katze hat einen Schwanz; komm einmal her!; was für ein schöner Hund!

Mit jeder neuen Feststellung wird ein Stück Himmel beiseite geschoben, abgelegt, und ein Stück Erde erobert. Verlust und Gewinn ist dies, es ist ein Vorspiel zu dem menschlichen Drama der Erringung der vollen individuellen Freiheit.

Wir wollen dieses elementare, zarte Denken weiterverfolgen, sehen, wie es immer ausgebreiteter, ausführlicher wird – während es dennoch eine elementare Schönheit behält.

In dem andächtigen Verfolgen aller Interaktionen mit dem Kind lernen wir – in unseren eigenen Andachtsprozessen –, die Entfaltung des kindlichen Denkens wahrzunehmen und zu begreifen.

DAS ‚ICH'- SAGEN

Das vierte Element der Entwicklung tritt wie ein Einschlag auf. Hier kann von Allmählichkeit keine Rede sein. *Vor* diesem Moment spricht das Kind sich selbst von außen an, mit seinem eigenen Namen. Es sagt nicht: Ich will das machen! Sondern es sagt: Lisl macht!

Die Erwachsenen nehmen an diesem Sprechen in der dritten statt der ersten Person teil: Aus einem natürlichen Gefühl heraus sprechen sie sich selbst auch von außen an: Mama macht zuerst dies und das... Aber die Kinder hören uns auch, wenn wir untereinander ‚ich' und ‚du' sagen. Es ist merkwürdig, dass wir uns so weit von unseren Erlebnissen entfernt haben, dass wir dies gar nicht voll begreifen und dass der Übergang zum ‚Ich'-Sagen für uns eher ein in den Büchern beschriebenes Phänomen ist: Mit zweieinhalb bis drei Jahren beginnt das Kind, sich selbst mit ‚ich' anzusprechen. Gedankenlos wird dann gesagt: Das Kind hat schon jahrelang wahrgenommen, dass erwachsene Menschen und ältere Kinder zu sich selbst ‚ich' sagen, also fängt es in einem bestimmten Augenblick ebenfalls an, das zu tun.

Das ist nicht unwahr, es ist unvollständig. Denn es ist nicht nur ein Wort, das von dem Moment an verwendet wird. Das Wort hat eine Bedeutung, es hat einen dazugehörigen ‚Gedanken', auch wenn dieser noch träumend, ein Gefühl ist, zu ihm gehört eine weitreichende Erkenntnis. Bis zu dieser Zeit betrachtete sich das Kind ganz von außen. Der Einschlag besteht aus einem ersten Selbstbe-

93

wusstsein, einem Sich-von-innen-anwesend-Fühlen, in einer ersten Absonderung von der Umgebung.

Vor dieser Zeit liegen die grandiosen Entwicklungsphasen des Sich-Aufrichtens und Laufenlernens, des Sprechens und des Denkens. Dies geht noch ganz außerhalb des Selbstgefühls vor sich, sonst würde dieses jene großartigen Prozesse entheiligen.

Dann kommt der Moment, wo ein erstes Sich-Lösen des Selbstes aus dem Welt-Sein stattfindet: Das Kind beginnt, ‚ich' zu sagen.

Dass dies ein Einschlag ist, zeigt sich an der Tatsache, dass wir Erwachsenen unsere ersten Erinnerungen *nach* diesem Einschlag haben. Alles, was davor geschehen ist, wissen wir nur von außen, dadurch, dass unsere Erzieher es uns erzählt haben. Unsere früheste Erinnerung fällt ungefähr mit dieser ersten Geburt des Selbst zusammen. Es ist die allererste zarte Gewahrwerdung von ‚ich bin', die oft mit einem gewissen Schock einhergeht. Ein Einsamkeitserleben in Form eines Konflikts mit der Umgebung kann solch eine früheste Erinnerung sein. Ein erster bewusst erlebter Widerstand, oder ein erster bewusst erlebter Eindruck aus der Umgebung, zusammengefasst in dem Bewusstsein: Ich bin in einer Umgebung. Ich bin ich, die Umgebung ist es nicht.

Das Kind *muss* sich aus dem All-Erleben absondern, und dies geschieht in einer Reihe dramatischer Wendungen. Diese ist die erste, und es ist in der Erziehung von großer Wichtigkeit, einen solchen Einschlag wahrzunehmen und dessen Tragweite zu erleben. Hier beginnt das *eigene Leben* des Kindes. Es wird noch lange in voller Hingabe an die Umgebung nachahmen, aber die Persönlichkeit beginnt zu erscheinen...

KRANKE KINDER

Im Alltagsleben ereignen sich natürlich unendlich viele Situationen, denen dieses Buch keine Zeile widmet. Das Buch würde umfangreich werden, wenn all solche Fragen besprochen werden würden, und das ist nicht die Absicht. Der Sinn dieses Buches liegt in dem Wecken eines neuen menschlichen ‚Instinktes' für das Erziehen, für das allumfassende Geistige. Wenn man den gegebenen Hinweisen folgt, findet man selbst die Antworten auf die meisten Fragen. Fast alle Probleme um das gesunde Kind sind mit einem gesunden geistig-seelisch-leiblichen ‚Erziehungs-Instinkt' zu lösen.

Zwei Themen will ich in diesem Kapitel noch besprechen. Das erste ist: Kranke Kinder, die normalerweise gesund sind. Fragen rund um ernsthaftere Störungen gehören nicht in dieses Buch. Zur Gesundheit jedoch gehört es, krank zu werden...

In den vorangegangenen Kapiteln haben wir ein mehr spirituell getragenes Bild des jungen Kindes geformt. Es kommt aus einem vorgeburtlichen Dasein in der geistigen Welt auf die Erde, in einen zarten Leib, der teilweise auf der Vererbung beruht, teilweise auf einem aktiven Eingreifen in diese durch die sich inkarnierende Individualität und die impulsierenden geistigen Hierarchien. Dennoch trifft das Kind gleichsam ein ‚Modell' als Leib an, einen Leib, der niemals vollkommen mit dem übereinstimmt, was für diese Inkarnation notwendig ist. Die Gestaltung und Um-gestaltung dessen geht nach der Geburt weiter, geschieht durch wirksame Weltengedanken, -kräfte und -mächte und durch die Einwirkung der Individualität selbst. Diese Wirksamkeit kann nicht immer nur allmählich verlaufen; um wirklich bis in die Tiefe des Physischen gestaltend ein-greifen zu können, sind heftige Umwälzungen nötig.

Früher waren das die Kinderkrankheiten. Diese verliefen in Epidemien, wodurch alle Kinder von ihnen erfasst wur-den. Windpocken, Röteln, Masern, Mumps und in gerin-gerem Maße Scharlach, Diphterie, Keuchhusten, Kinder-lähmung. Die letzten vier Krankheiten forderten Opfer, sei es in der akuten Phase, sei es durch Komplikationen. Die Medizin hat diese Krankheiten durch Impfprogramme na-hezu ausgerottet.

Weil es jedoch kein Wissen hinsichtlich der guten und notwendigen Wirkung der Kinderkrankheiten gibt, wer-den nun auch weniger ernste Krankheiten weggeimpft, da auch bei ihnen (seltene) Komplikationen vorkommen. Windpocken bekommen die Kinder noch, doch gegen Masern, Röteln und Mumps wird geimpft.

Ich will hier *nicht* zu einer Verweigerung der Impfungen aufrufen. Es geht hier allein darum, den Dingen ins Auge zu sehen. Die Individualität will sich so vollkommen wie möglich zeigen können und braucht dafür einen Leib, der mit ihr so viel wie möglich übereinstimmt. Eine weise Na-tur kam mit Kinderkrankheiten zu Hilfe, doch der mo-derne Mensch ist eigen-willig. Das ist nun einmal so, es hat auch einen Sinn. Und die Natur findet andere Wege. Kinder bekommen noch immer Fieber, Ausschlag, Hals-schmerzen, Husten, Erbrechen, Durchfall. Es sind nicht mehr die wundersamen, charakteristischen Krankheits-muster von früher, sondern diffuser verlaufende Krankhei-ten, die dann fünfte, sechste, siebente Krankheit genannt werden. Oder man hat es mit den Reaktionen auf Kälte,

Nässe, Emotionen usw. zu tun.

Ein anderer Ausweg aus dieser Unmöglichkeit, krank zu werden, sind die Allergien, doch da hat man es schon mit langwierigen, schleppend-chronischen Zuständen zu tun, in denen es der Individualität nicht wirklich gelingt, den noch ‚fremden Leib' zu ergreifen.

Es ist also von großer Bedeutung, dass wir lernen, unsere kranken Kinder mit einem gewissen Wohlgefallen anzuschauen – und dies nicht nur beunruhigend, beklagenswert oder lästig zu finden. Drei Tage Fieber sind wirklich wunderbar. Dauert es länger, dann muss der Arzt das Kind untersuchen, es kann eine Komplikation sein: Kehle, Ohren, Harnwege, Bauch, Gehirn.

Für alles Übrige müssten wir lernen, uns auf das Geben homöopathischer bzw. anthroposophischer Mittel zu beschränken. Diese unterstützen den Kampf des Kindes, statt ihm die Waffen wegzunehmen.[6]

---

[6] Siehe auch das Kapitel: Die Pflege des Leibes.

UMGANG MIT DEN MEDIEN

Die Wirkung des Inhalts auf das Kind

Auch als Erwachsene kennen wir die Faszination der farbigen Bilderwelt des Fernsehens; wir kennen auch die Faszination, die von dem ‚Kontrollieren der Bilderwelt' ausgeht, wie es bei Bildschirmspielen der Fall ist; und wir kennen die unglaublich intelligente Welt des Internets, die Medienkommunikation und die damit zusammenhängende Bilderwelt. Möglicherweise haben die meisten Erwachsenen noch das Bewusstsein, dass sie kleine Kinder unter vier Jahren nicht dem Internet und diesen Spielen aussetzen dürfen. Obwohl man alle Kinder treffsicher ‚brav' halten kann, indem man sie die Macht erleben lässt, die durch das Drücken einer Taste und das unmittelbare Resultat entsteht; obwohl man zudem wahrnehmen wird, dass sie ungeahnt schnell lernen und sich mit den Apparaten vertraut machen – die meisten Menschen sehen und erleben noch, dass dies vollkommen unnatürlich ist und damit wohl ungesund sein muss. Nur das super-abstrakte Denken kann diese Gefühle wegdiskutieren. Jeder sieht, wie hässlich und absolut nicht kindgerecht die Bilder sind, wie unmenschlich die Spiele, wie stark das Verlangen danach, wenn das Kind sie erst einmal kennenlernt.

Die Kinderprogramme im Fernsehen sind für sehr kleine Kinder inhaltlich ebenfalls ungeeignet. Die Bilder sind unmenschlich und dringen tief in den Kindesorganismus ein. Tiere in Zeichentrickfilmen, die sich wie Menschen verhalten – man kann auch sagen: Menschen, die wie Tiere aussehen –, sind oft auch vom Tierischen aus gesehen noch hässlich. Es sind Tier-Karikaturen, die das Menschliche in eine doppelte Karikatur hüllen: Erstens wird der Mensch zu einer tierischen Karikatur, zweitens wird das Tier selbst als Karikatur gezeichnet.

Der zweite inhaltliche Aspekt ist dann natürlich die Geschichte, um die es geht. Kinder sind absolut kritiklos, alles ist gut, sie saugen die ganze Welt als *gut* in sich auf. Es ist die Aufgabe der Erwachsenen, die richtige Haltung dazu zu finden.

Hier ist unser hastiger Umgang mit dem Leben, ohne Zeit für ein Erleben, unsere Krankheit. Heilung finden wir, wenn wir uns mehr vertiefen, Ruhe für das Erleben suchen.

Als Vorübung für die Kindergartenzeit können wir das Folgende tun: Man lese ein ursprüngliches Märchen der Brüder Grimm. Dann gestalte man die Bilder *selbst* von neuem, so lange, bis man das Märchen in einer Bilderfolge vorstellen kann.

Danach höre man eine gesprochene Aufnahme, am besten von demselben Märchen. Und man schaue einen Film, von demselben Märchen.

Wenn man es wirklich schafft, so viel in Bezug auf dieses *eine* Märchen zu tun, dann erlebt man selbst, was geschieht, wenn ein Märchen auf CD erzählt wird, auf DVD sichtbar wird.

Wenn man selbst das Märchen erzählt, aus den eigen gewordenen Bilderfolgen heraus, wird man es immer wieder neu erschaffen. CDs und DVDs sind ewige Wiederholungen desselben, als ob nur *eine* Version möglich wäre, die die beste ist. Zuletzt *will* das Kind das Märchen nur noch in dieser Form hören und sehen, es erträgt die lebendige Variation des Themas nicht mehr. Hier liegt ein Keim von

Passivität, auch von späterem Dogmatismus. Das Märchen auf CD und DVD ist absolutes Abbild, ohne einen Hauch von Leben, von Aktivität.

Mit alledem lassen wir noch außer Betracht, was außerhalb des unmittelbaren Inhaltes auf das Kind einwirkt.

Nehmen wir an, man habe sich wirklich so intensiv in das Märchen vertieft (man kann dies auch mit einer Gruppe machen, an einem Studienabend). Dann weiß man bis ins Mark, wie *verkehrt* Fernsehen und CDs für ein Kind sind.

Aber nun geht es zu den Nachbarn spielen, die *nicht* eine so innige Sehnsucht haben, sich über alles so intensiv zu besinnen... Da wird ein Disney-Film geguckt. Und dann kommt die Frage: Was nun?!

Auch bei den Nachbarn wirkt das Fernseh- und Filmegucken schlecht. Aber es gibt auch ein soziales Leben, das gelernt werden muss. Das Schönste ist, seine Kinder mit Gleichgesinnten erziehen zu können – aber auch dann gibt es Elemente der Außenwelt, die sich nicht ausschließen lassen.

Der goldene Mittelweg bleibt der einzig richtige Weg. Man tue, was man kann, aber lasse auch andere Elemente zu, insoweit sie in anderer Hinsicht wertvoll sind. Nichts ist so schlimm wie das Urteil von Eltern und Lehrern über andere Eltern und Lehrer, die ‚es falsch machen‘. Das ist schlimmer als eine doppelte Karikatur im Fernsehen, denn es ist eine Karikatur in der Wirklichkeit: ein liebloser, verständnisloser Fanatiker.

Hier liegt ein wichtiges Thema in der Erziehung: Umgang mit anderen Erziehern, Eltern, mit anderen Ideen.

Wenn man beginnt, sich so intensiv in das Wesen des Kindseins zu vertiefen, wie wir das hier versuchen zu tun, dann wird das Erziehen viel sicherer und einsichtsvoller, der Umgang mit anderen Kindern, Erziehern und Eltern kann dagegen sehr schwierig werden.

Wenn man ‚Schmerz‘ empfindet, wenn man ein Kind von

drei Jahren sieht, das gefesselt einem abscheulichen Film zuschaut, dann wird es sehr schwer, sein Kind in eine Umgebung zu geben, wo dies normal ist.

Einmal ist nicht so schlimm, aber täglich ist es doch eine große Schwierigkeit. Hier muss man immer wieder von neuem nach kreativen Lösungen suchen und auf solche hoffen.

Was notwendig ist, ist, dass wir zwischen zwei Dingen unterscheiden lernen: Unsere Einsichten, die auf Sicherheit beruhen und an die wir uns also selbst ganz sicher halten werden, sind von allgemein menschlicher Natur und Bedeutung. Man würde sie gerne jedem gegenüber verbreiten, wenn man selbst sie so sicher erworben hat. Und man kann tiefen Schmerz über eine Welt empfinden, die einen solchen Blick auf das Kind hat, wie es heute der Fall ist – wo nicht mehr die Spur einer Ahnung existiert, was ein Kind ist und was es braucht, um sich gesund und gedeihlich zu entwickeln.

Dies kann man erleben und man kann sich entschließen, für diese Einsicht zu kämpfen, wo es nur geht. Doch dies muss scharf unterschieden werden von bestimmten Menschen und dem Verurteilen solcher.

Angenommen, man habe Nachbarn, die ‚modern' leben und der Meinung sind, dass unsere Kultur die besten Bedingungen für das Kind biete. Sie versuchen, ihren Kindern so früh wie möglich das Lesen und Schreiben beizubringen, geben ihnen Zugang zum Computer, betrachten Computerspiele als eine gute intellektuelle Anregung. Diese Meinung steht in völligem Gegensatz zur eigenen Einsicht. Doch die eigenen und die Nachbarkinder spielen miteinander, die eigenen Kinder gehen hinüber, um ihr Spiel fortzusetzen – und landen ‚nebenan' vor dem Fernseher. Nun wird die allgemein-menschliche Einsicht, die man hat, sehr persönlich. Und da liegt die Grenze. Natürlich kann man versuchen, zu Kompromissen zu kommen, indem man darüber spricht, vielleicht wird man versuchen, etwas von seiner Einsicht zu vermitteln. Doch dies muss *allgemein* bleiben. Die Tragik unserer Kultur darf keine *persönliche* Ablehnung von Vertretern dieser Kultur werden.

Es ist von größter Wichtigkeit in der Erziehung, dass man auch *dieses* Vorbild gibt. Man kann an Situationen und an einem Verhalten von Personen leiden, aber man halte dies im Allgemeinen! Auge in Auge mit einem Mitmenschen darf dies nicht die Oberhand gewinnen.

Diese Unterscheidung ist außerordentlich schwer. Ich selbst habe außergewöhnlich kritische Bücher geschrieben und, insoweit bestimmte Personen Vertreter von – nach meiner sicheren Einsicht – verkehrten Einsichten sind, diese Personen auch genannt. Doch meine Kritik gilt ausschließlich den verkehrten Einsichten, nicht der Person. Es ist das Gegenteil von ‚Generalisieren‘. Generalisieren heißt, dasjenige, was man bei einem Einzelnen antrifft, auf die ganze Gruppe zu verallgemeinern. Hier muss man dagegen lernen, allgemein-menschliche Weisheit losgelöst von der Person zu sehen – also auch das Fehlen dieser Weisheit oder den Widerstand dagegen nicht der Person anzurechnen.

Man kann empört sein, dass ‚sie‘ dem eigenen vierjährigen Kind einen ‚Spiderman‘-Film antun – und dann dennoch für den ‚Rest‘ dieser Eltern eine echte Liebe empfinden.

Eigentlich müsste es so sein, dass aller Ärger sich in dem Moment verflüchtigt, wo man dem Anderen Auge in Auge gegenübersteht.

Wie man mit der *Situation* umgehen soll, bleibt dann noch immer ein Rätsel – das jedes Mal von neuem kreativ gelöst werden muss.

Die Wirkung der Technik auf das Kind

In der nun folgenden Betrachtung sehen wir ganz ab von dem Inhalt: ob schön oder hässlich, gut oder schlecht, wahr oder unwahr – dies lassen wir außer Betracht. Auch der schönste Film ist ein *Film*. Was macht dies mit einem Kind?

Ein kleines Kind nimmt die Welt als einen lebendigen, sich bewegenden, farbenreichen, duftenden, klingenden Strom wahr, der über die Sinne bis tief in den Organismus hinein gestaltend wirkt. Allmählich, im Laufe vieler Jahre, wird dieser Strom eine Ansammlung von statischen, scharfen Bildern, wie es die Wahrnehmungen für uns sind. Es ist kein lebendiger Strom mehr, sondern ein Raum mit einer Ansammlung von Dingen, lebendigen Wesen und Geschehnissen – und einem ‚Schein‘ von Zeit.

Es ist sehr wichtig, dass dies ein langsamer Prozess ist, dass er in Übereinstimmung mit der wirklichen kindlichen Entwicklung verläuft.

Der alte Film (es ist noch nicht so lange her, dass dieser ‚alte‘ Film das einzige Medium war) bestand aus einer Reihe von Fotos, die so schnell gezeigt wurden, dass durch die schnelle Aufeinanderfolge die Illusion von Bewegung entstand. Im Theater stehen auf der Bühne lebendige Menschen, die zeigen, was sie darstellen; es ist Theater, in diesem Sinne ‚nicht echt‘, aber es ist kein Schein von Bewegung, es sind ‚echte‘ Menschen, die ein Stück ‚live‘ spielen, sie können nichts wegschneiden oder einfügen, keine spätere Szene vor einer früheren spielen. Das ging im alten Film bereits sehr wohl. Es wurden Szenen gespielt, die später montiert wurden. So gab es in dem Film die Illusion von Bewegung, aber auch die Illusion einer fortlaufenden Inszenierung. Der Film befand sich auf einer fortlaufenden Rolle, bestand aber aus montierten Szenen, die wiederum aus unzähligen Fotos bestanden. Dennoch gab es darin noch eine gewisse Kontinuität.

Das Zeitalter der digitalen Technik bricht immer mehr

mit der Kontinuität. Die Bilder sind aus großen Anzahlen punktförmiger Impulse zusammengesetzt, die zusammen die Illusion von Bildern, Bewegung und Zeit schaffen. Man ,sieht' nicht, dass man eine Illusion anschaut, doch für den, der tiefer darauf eingeht, hat der ganze Prozess eine unverkennbare Wirkung. Und während der Erwachsene noch eine Abwehr dagegen hat – unbewusst –, gibt sich das Kind nun einmal völlig hin. Der Inhalt der Bilder wirkt als Form mehr auf die Formgebung des Leibes. Der Prozess dagegen *wirkt* auch auf die Prozesse, auf die Lebensprozesse.

Die Illusion von Bewegung und Leben beruht auf einem materiell gelenkten technischen Prozess. Dieses Materielle dringt tief in unseren Lebensorganismus ein, der sich dadurch verhärtet und materialisiert. Dieser Lebensleib des Menschen ist jedoch zugleich der Gedankenleib. Aus dieser Tatsache heraus kann man verstehen, dass der Materialisierungsprozess des Lebensleibes auch zu einer Vermaterialisierung des Gedankenpotentials führt. Mit digitaler Technik bereiten wir unsere Kinder auf die Unmöglichkeit vor, *mehr* als das materielle Dasein zu denken. Alles, was übernatürlich ist, wird immer schwerer zu denken, denn die Natur des Ätherleibes hat immer weniger Affinität zum Nicht-Materiellen. Das ist natürlich nie *absolut* so, es bleibt der Lebensleib, und das Leben ist ein übersinnliches Geschehen. Aber die Materialisierung droht...

Daraus folgt unmittelbar, was wir als Erzieher tun können, um diesem – unvermeidlichen – Materialisierungsprozess entgegenzuwirken.

Wir haben in der lebendigen Natur, in der Pflanzen-, Tier- und Menschenwelt sehr Vieles zur Verfügung. Wir können darüber hinaus versuchen, all unsere eigenen abstrakten Gedanken (das sind auch Materialisierungen) hinter uns zu lassen, wenn wir mit kleinen Kindern umgehen.

Wenn alles so viel wie möglich im *Tun* verläuft, ist dies das beste Heilmittel, denn darin strömt die Weisheit und das Leben. In Erklärung und Diskussion erstarrt die Materie. Als Erzieher muss man versuchen, sich fortwährend im Strom des Lebens mitzubewegen und ein Kind im Tun zu korrigieren, nicht aus der Übersicht oder dem distanzierten Erwachsenen-Urteil heraus.

Wenn das Kind etwa vier Jahre alt wird, wird es möglich, Märchen zu erzählen – oder sie notfalls so lebendig wie möglich vorzulesen. Auch Bilderbücher kann man sehr gut gemeinsam anschauen und dann über die Bilder erzählen. In den Literaturhinweisen stehen Hinweise auf eine Reihe von Bilder- und Vorlesebüchern, die das *Leben* schützen.

Wenn das Kind in den Kindergarten muss, suche man, wenn es irgend möglich ist, einen Waldorfkindergarten in der Nähe (siehe Hinweise). Dort hat man die größte Chance, dass die hier beschriebenen Einsichten berücksichtigt werden, und man gewinnt dort sicher einen ganzen Schatz an neuen Ideen. Ich will nicht sagen, dass man damit den idealen Kindergarten gefunden hat, aber es ist dort sicher besser als anderswo.

Lebendige Natur, alle Ermahnungen und Aufträge im *Tun* geben, schöne Bilderbücher und Märchen bzw. märchenartige Inhalte – dies sind Heilmittel gegen die Effekte der Medien. Eine eingerahmte Sixtinische Madonna im Kinderzimmer ist eine Wohltat für das Kind. Sanfte Farben und Bilder, die die *Menschlichkeit* repräsentieren, wirken bildend und fruchtbar auf das kleine Kind ein, was bis ins hohe Alter ein Segen bleibt.

DIE ERZIEHUNG ZWISCHEN VIERTEM UND

SIEBTEM LEBENSJAHR

DIE GESUNDE ENTWICKLUNG

Auch Kinder, die nicht in eine Krippe und nicht in einen Kindergarten gegangen sind, kommen mit fünf, sechs Jahren in die Schule. Sie gewöhnen sich an ein Leben außerhalb von zuhause, in einer ‚fremden' Umgebung, zwischen einer ganzen Reihe von anderen Kindern, ohne die Leitung einer Kindergärtnerin oder eines Kindergärtners. Das Kind lernt, Abschied zu nehmen und sich stundenlang einem zunächst noch fremden Regime hinzugeben.

Früher (vor mehreren Jahrzehnten) war die Vorschule bzw. Elementarschule eine Spielklasse mit wenigen, leichten Lernelementen. Heutzutage müssen Kinder in diesem Alter bereits auf ihre Fortschritte getestet werden, vor allem intellektuell und motorisch.

Wir wollen Weisheit in der Erziehung entwickeln und aus dieser ‚eigenen Weisheit' heraus gute Erzieher werden. Darum werde ich der Beschreibung der Lernprozesse des Vorschulkindes viel Andacht widmen.

Die Lernprozesse

Noch immer ist das einzig sinnvolle ‚Unterrichtsmaterial' die Umgebung, die nachgemacht, nachgeahmt wird. Inzwischen ist das Sprechen schon sehr gut entwickelt, und in Zusammenhang damit ist auch das Denken in Gang gekommen. Es ist sehr verführerisch, nun die Intelligenz wecken und testen zu wollen, um den Lernprozess in Gang zu bringen. Doch dies muss aufgeschoben, in eine andere

Form gebracht werden.

Das ist der Kampf der Weisheit mit der üblichen Einsicht, der materialistischen Pädagogik.

Es ist wichtig, dass wir uns in die Intellektualität vertiefen, so dass wir genau wissen, was wir noch zu *vermeiden* versuchen müssen.

Wir haben versucht, ein Erleben der Individualität zu entwickeln, als eines vorgeburtlich existierenden Menschenwesens, das sich in einem allmählichen Prozess auf Erden so vollkommen wie möglich inkarniert. Dafür ist es notwendig, dass der Weg in seiner vollen Länge – bis zum Erwachsensein – zurückgelegt werden kann, dass nicht vorzeitig etwas zu einem Ende geführt wird und sich dann nicht mehr weiter entwickeln kann.

So haben wir gesehen, dass die Entwicklung in den ersten Jahren noch ganz von außen kommt, von einer geistigen Führung.

Das Kind *wird* gedacht, gelebt, es wird an ihm gearbeitet. Dann kommt der Ich-Einschlag, und damit kommt eine eigene Entwicklung in Gang, aber noch ganz träumend, halb unbewusst. Man darf das Kind daraus nicht zu früh wecken, es muss den Traum vollenden können, damit nicht die Unvollkommenheit des Menschen in diesem großen Inkarnationsprozess mitspielt.

Dieser Prozess beinhaltet sehr wohl, dass die geistige Welt Schritt für Schritt verlassen und vergessen werden muss und die Erdenwelt immer klarer wahrgenommen und schließlich auch mit Begriff durchdrungen wird. Doch dieser Prozess muss wirklich in den richtigen Zeitverhältnissen verlaufen – und davon hat die moderne Wissenschaft kein Wissen.

Vor dem Zahnwechsel gibt es noch keine Möglichkeit zum Lesen-, Schreiben-, Rechnenlernen usw., ohne das

Kind dadurch zu früh aufzuwecken. Das Kindergarten- und Vorschulkind muss noch in eine Traumwelt der Bilder und der Nachahmung eingebettet bleiben – auch wenn die Bilder klarer, die Dinge bewusster, differenzierter werden. Und so auch die Nachahmung.

Im Spiel kann man sehen, dass das Kind immer komplizierter Zusammenhänge nachmachen und gestalten kann. Drinnen ein Zelt bauen, draußen eine Hütte bauen, und dann spielen die Kinder darin mit ihrer nachahmenden Phantasie. Ein Vorschulkind hat ein Bedürfnis nach Bildern. Eine minimalistische Einrichtung im Haus bedeutet für das Kind innere Armut. Es will überall Gleichnisse sehen. Das ist der Sinn eines ‚Jahreszeitentisches'. Das ist ein Tisch, der so reich wie möglich die Jahreszeit zum Ausdruck bringt: in Farben, Naturwesen (wie Zwergen, Elfen usw.), Fundstücken aus dem Garten oder dem Wald. Man selbst kommt dadurch auch wieder mehr in Kontakt mit dem, was in der Natur im Jahreslauf geschieht.

So sind auch die Jahresfeste Gestaltungen der inneren Sehnsucht des Kindes. Das ist der Reichtum der Waldorfschule, dass diese Feste mit den Kindern gefeiert werden, ausgelassen und reich geschmückt. So gibt es die Adventszeit mit den Weihnachtsspielen, die teilweise auch von den Kindern selbst gespielt werden. Das Osterfest mit den gefärbten Eiern und dem Osterbrot; das Pfingstfest, wo ein Mädchen die ‚Pfingstbraut' sein darf. Zuhause kann man dieses Fest feiern, indem man zwölf kleine Kerzen um eine große Kerze herumgruppiert – zum Beispiel beim Frühstück. Die große Kerze brennt, und darumherum dürfen alle eine kleine Kerze an der großen entzünden und dabei für jemanden das Licht erbitten.

Dann gibt es das Johannifest mit dem Feuersprung, nach der Mittsommernacht. Das Michaelsfest am 29. September, wo es vor allem um das Ausbilden von *Mut* geht, wie bei Michael mit dem Drachen.

Die Kindergarten- und Vorschulzeit ist das Alter für die Märchen.

Die abstrakte Anschauung bildet darüber oft völlig verkehrte Meinungen. Es wird zu einer guten Erziehung gerechnet, wenn man den Kindern ‚nichts weismacht' und wenn man ihnen ‚keine Gruselgeschichten erzählt'. Märchen sind scheinbar das Gegenteil dessen, sie erzählen von Dingen, die nicht geschehen können, und von den grausligsten Situationen – natürlich auch schönen.

Wenn man so über Märchen denkt, hat man keine Verbindung mehr zu der Bilderwelt des Kindes – und der Bilderwelt der älteren Völker. Es sind Gleichnisse, die moralische Erziehung bewirken – ohne zu moralisieren, denn die Moral liegt in den Bildern, nicht in einer Predigt über das Gute und das Böse.

Auch hier dürfte dies nicht einfach so angenommen werden, sondern müsste in das eigene Erleben gebracht werden. Dafür muss man viel Energie aufbringen. Ein Beispiel einer Übung, um diesen Unterschied zwischen Märchen und rationaler moralischer Erziehung zu erleben, ist die folgende.

Goethe und Schiller waren durch eine innige Freundschaft verbunden. Sie beschäftigten sich mit denselben Themen, jedoch auf eine völlig verschiedene Weise. Beide haben ein Werk über die innere Entwicklung des Menschen geschrieben. Zuerst schrieb Schiller seine ‚Briefe über die ästhetische Erziehung des Menschen'. Man lese darin einmal den zehnten, elften, zwölften und dreizehnten Brief – und wenn man den Mut hat, alle Briefe. Dann lese man Goethes ‚Märchen von der grünen Schlange und der schönen Lilie'. Man lese es in einem Stück und bedenke dann, dass Goethe dasselbe ausdrückt wie Schiller.

Man lasse beide Eindrücke danach nochmals in einer Besinnung zum Erlebnis werden. Man belasse es nicht bei einem Mal, sondern wiederhole es. Einen Brief von Schiller, das Märchen von Goethe ... man *erlebe* den Unterschied. *Dann* weiß man, was die Kraft eines Märchens ist – und was die Kraft rationaler Erörterung ist. Man erlangt dann auch eine Fähigkeit, zu ‚sehen', wie das kleine Kind die Märchen *braucht,* um später die bewussten Erklärungen über die Entwicklung des Menschen ertragen zu können.

Aber auch im Kindesalter selbst sehnt es sich nach weisen Bildern. Sie dringen tief in das Wesen ein und wecken das Gewissen, den Sinn für Gut und Böse. Es wird ein völlig *eigenes,* individuelles Gewissen, nicht ein Gewissen, das aus Predigten von Erwachsenen und Priestern gebildet wurde... – dies wirkt erst viel später und auch dann noch oft in entgegengesetzter Richtung.

Das Vorschulkind trägt noch immer das Vorgeburtliche auf die Erde, muss aber immer mehr lernen, es zurückzuweisen: Das ist die Entwicklung des Verstandes. Ich betone noch einmal: Dies *muss* geschehen, aber es sollte anhand der wirklichen Entwicklung des Kindes verlaufen.

Doch es gibt nicht nur eine Wirkung aus der Vergangenheit (das Vorgeburtliche), sondern auch eine entgegenkommende Wirkung aus der Zukunft.

Die Vorstellungsseite des Lebens des Kindes wird durch die Bilder genährt. Die aktive Seite, die Willensseite, muss ebenfalls auf die richtige Weise genährt und erzogen werden.

Der Wille

Wir haben den Eindruck, dass wir lebendige Wesen sind, die innerhalb der Zeit von der Vergangenheit zur Gegenwart und dann zur Zukunft hin leben. Die Vergangenheit ist schon erfüllt, die Zukunft ist noch unbeschrieben. Wir meinen, wir befänden uns in einem Zeitstrom und würden von diesem mitgeführt, wobei die Art unserer Zukunft unsicher und noch völlig unbestimmt sei.

Dass wir dies so erleben, hängt unmittelbar mit der Tatsache zusammen, dass wir in einer intellektuellen Kultur aufgewachsen sind, in der der *Wille* immer schwächer wird. Das *Wunsch*leben wird nicht schwächer, aber der *Wille*, die innere Kraft, aktiv zu werden, Schwierigkeiten zu begegnen, sich in jeder Situation aufrecht zu halten, wird schwächer.

Dennoch haben wir noch eine leise Ahnung, dass in der Zukunft alles Mögliche verborgen liegt, dass wir doch auch ‚vorbestimmt‘ sind, dass aus der Zukunft etwas auf uns zukommt. *Das* ist die tatsächliche Willensrichtung. Diese verläuft nicht von Früher zu Später, sondern kommt vom Später zum Jetzt. In diesem Strom haben die Propheten gelesen, was die Zukunft bringen wird. Dieser Strom ist eine Wirklichkeit, er existiert wirklich, und man hilft einem Kind in der Erziehung außerordentlich, wenn man sich Mühe gibt, es in der richtigen Weise in diesen Strom zu stellen, das heißt, sich darin bewegen zu lernen.

Die größte Gegenkraft ist der Nicht-Wille, der Widerstand. Das ist natürlich auch in der Erziehung selbst die größte Last. Kinder, die zu allem ‚nein‘ sagen oder zu weinen beginnen, wenn sie etwas müssen, sind ‚lästig‘. Doch man kann es auch als Versuche betrachten, als ein Ringen, um in das richtige Verhältnis zum Willen zu kommen.

Und die Frage ist: Wie erziehen wir den Willen?

Das Erste ist natürlich wieder das Vorbild. Wenn man als Erzieher fortwährend zeigt, dass man ‚keine Lust‘ hat oder dass man Widerstand gegen dasjenige hat, was das Leben einem bringt, wirkt das tief auf die Kinder ein. Es kann jedoch sein, dass man selbst nicht den Willen hat, sich über Dinge hinwegzusetzen. Das lässt sich nicht von heute auf morgen verändern. Was man aber sehr wohl zeigen kann, ist die Selbsterziehung, die Mühe, die man sich gibt, um seine eigenen Schwächen zu stärken, zu verwandeln.

Dies ist schließlich ‚Wille in Aktion', und das ist das schönste Vorbild, das man geben kann.

In eine entgegengesetzte Richtung wirkt dagegen ein Erzieher, der predigt, was er selbst nicht tut.

Sodann sind für die Entwicklung des Willens der Rhythmus und die Regelmäßigkeit von größter Wichtigkeit. Dies ist in einem Kindergarten oder in der Schule etwas Selbstverständliches, zuhause jedoch ist es gar nicht so selbstverständlich.

Kinder ‚verkriechen' sich in jedes sich bietende Loch, um demjenigen zu entgehen, was sein muss.

Und das größte Loch liegt in der Unregelmäßigkeit, dem Mangel an Disziplin bei den Eltern. Es gibt eine Tendenz, den Kindern in vielem ‚ihren Willen zu lassen' und nachzugeben, um Streit zu vermeiden – aber dieser Streit verlagert sich dadurch nur und wächst weiter. Kleinere Kinder fügen sich dem, was unvermeidlich ist, wenn es *immer* unvermeidlich ist. Damit hängt zusammen, dass die Erzieher voraussehen, was machbar ist. Oft werden von Kindern Dinge erwartet, die nicht realistisch sind, und dann muss man letztlich doch wieder davon absehen. Dies könnte man so viel wie möglich vermeiden, wenn man weiß, was vernünftig ist und was nicht.

Kinder gehen zur Schule, und so müssen sie zu einer bestimmten Zeit doch wirklich das Haus verlassen. Das kann ein täglicher Kampf sein. Nicht mit dem Spielen aufhören wollen, sich nicht anziehen wollen, die Kleidung ist nicht die richtige, das Brot ist nicht das richtige, der Belag ist nicht lecker, ich will zuerst...

Solche Szenen ereignen sich, wenn die Eltern unsicher sind. Haben sie selbst die volle Überzeugung, dass dies und jenes nun einmal sein *muss*, dann fügen sich gesunde Kinder dem gern. Man kann ihnen entgegenkommen, indem man zum Beispiel schon abends gemeinsam die Kleidung bereitlegt, aber dann *wird sie auch angezogen*, und wenn das Kind dies weiß, fügt es sich.

Feste Gewohnheiten stärken den Willen, geben die Kraft, dasjenige, wozu man keine Lust hat, dennoch zu tun. Später gibt einem dies die positive Lebenseinstellung, den Willen, das Unvermeidliche auf sich zu nehmen und zu versuchen, das Mögliche zu verändern.

Auch das ,gemeinsam machen' ist eine große Kraft. Das Aufräumen nach dem Spielen geht wie von selbst, wenn man es gemeinsam tut. Ein distanziertes Kommando schwächt den Willen. Und wenn der Erwachsene es alleine macht, gilt das Gleiche. Es geht nicht darum, wieviel man selbst macht und wieviel das Kind macht. Und wenn es nur ein paar Bauklötze zur Kiste trägt! Es wird immer mehr tun wollen.

In der Vorschulzeit kann man auch schon kleine Aufträge geben, aber nicht heute dies und morgen das, nach eigener Willkür. Immer dasselbe, tagein, tagaus – das ist Erziehen des Willens. Es geht nicht um das Funktionelle, es geht um das regelmäßige *Tun*.

So ist es auch mit der Tageseinteilung, wie den Mahlzeiten, Essen und Trinken zwischendurch, Fernsehen, Zähneputzen, Ins-Bett-Gehen. Je mehr dies feste Punkte sind, desto ruhiger verläuft alles. Kinder sehnen sich nach Regelmäßigkeit, und sie geraten gerne außer Rand und Band, wenn es diese nicht gibt – und terrorisieren dann die Erwachsenen.

Moralisieren, Predigen, Zurechtweisen, Ermahnen ... hat

keinen Sinn. Natürlich tut man es trotzdem, aber in Wirklichkeit ist es sinnlos.

Zur Regelmäßigkeit kann nun auch ein Abendgebet gehören, das vorgesprochen wird, immer wieder von neuem. Es geht um das Hören und um die Wiederholung, noch lange nicht um ein Verständnis des Inhalts.

Vom Kopf bis zu den Füßen
Bin ich Gottes Bild,
Vom Herzen bis in die Hände
Fühl' ich Gottes Hauch.
Sprech' ich mit dem Munde,
Folg' ich Gottes Willen.
Wenn ich Gott erblick',
Überall, in Mutter, Vater,
In allen lieben Menschen,
In Tier und Blume,
In Baum und Stein,
Gibt Furcht mir nichts,
Nur Liebe zu allem,
Was um mich ist.

Doch gegenüber dem Regelmaß braucht das Kind auch etwas Gegenteiliges, und auch *dies* ist Willensentwicklung. Außerhalb der notwendigen Rhythmen muss es sich im Spiel und in der Bewegung ausleben können.

Das ist für Erzieher im allgemeinen auch wieder nicht so einfach. Auch spielt die erwachsene ‚Angst, dass etwas passiert' eine große Rolle, wodurch das Spiel verdorben wird – weil darin eingegriffen wird. Zwei Erwachsenen-Eigenschaften müssen deshalb hier besprochen werden.

Zwanghaftigkeit

Zwanghaftigkeit ist ein oft vorkommendes Problem, und

es bringt Schwierigkeiten im Erziehen kleiner Kinder mit sich, weil sie es fortwährend – unschuldig – herausfordern. Als Arzt habe ich viele Eltern gesehen – meist sind es die Mütter –, die ihre Zwanghaftigkeit auf ihre Kinder ausdehnen. Sobald das Verhalten oder das Spiel des Kindes in ein Gebiet kommt, das die Eltern nicht ertragen, wird sie wirksam und ist dann für jemanden, der *nicht* zwanghaft ist, völlig unnachvollziehbar. Das bedeutet, dass die kindliche Willensinitiative fortwährend gebremst wird, wie wenn man ein Holz zwischen die Speichen eines rollenden Rades wirft. Außerhalb von Rhythmus und Regelmäßigkeit muss das Kind jedoch auch den *eigenen* Willen entfalten können.

Das Unterbrechen eines Spieles müsste man in gleicher Weise empfinden können, wie wenn man jemandem, der gerade etwas sehr Wichtiges sagt, ins Wort fiele. Oder wie das Unterbrechen einer notwendigen Handlung, die verdorben ist, wenn sie gestoppt wird. Respekt vor dem Willen des Kindes, wie er sich im Spiel und im Herumtollen, Balgen, Rennen, Klettern und so weiter äußert, muss da sein. Was macht es, dass es schmutzige Hände, schmutzige Hosen bekommt? Dass es Krach macht? In einem Hochhaus kann man nicht so viel Krach machen, aber dann geht man in den Wald, zum Spielplatz, zum Sandkasten und so weiter.

Und wenn das Kind einmal im Strom der Phantasie lebt und spielt, dann lasse man es und unterbreche nicht – außer wenn es *wirklich* aus dem Ruder läuft.

Angst

Angst ist ein Phänomen, das bei allen Erziehern vorkommt. Je enger das Band, desto heftiger ist meistens die Angst. Man meint, die volle Verantwortung für das Wohl des Kindes liege nur bei einem selbst, und bei allen möglichen Situatio-

nen, die man sich vorstellen kann, bekommt man Schweiß-
ausbrüche. Und es *geschehen* schließlich auch Unglücke.
Der Mittelweg muss hier ganz bewusst beschritten werden.

Man muss *sicherlich* immer gut aufpassen. Eine Mutter
hat eine natürliche ‚Aura' bei sich, in die das Kind aufgenommen ist. Als Mutter kann man empfinden, erleben
lernen, wie man ein imponderables Wissen darüber hat,
wo das Kind ist und was es tut – wenn es bei einem in der
Nähe ist; und dies kann sich doch ziemlich weit erstrecken.

In südlichen Ländern vertrauen die Mütter mehr darauf.
Dort kann man sehen, wie Familien abends auf einer Ter-
rasse am Meer sitzen und essen und trinken, es ist schon
zehn Uhr und fast dunkel. Schon die sehr kleinen Kinder
stehen vom Tisch auf und verschwinden ins Unsichtbare
an den Strand, wo Spielgeräte stehen. Die Eltern befinden
sich in einem lebendigen Gespräch mit anderen, passen
scheinbar gar nicht auf. Und gerade, wenn man denkt: ‚Ob
das wohl gut geht?', steht der Vater auf, um einmal nachschauen zu gehen. Es geht immer gut. Die Kinder halten
einander an der Hand, und die Eltern vertrauen darauf,
dass sie im richtigen Moment nachsehen gehen.

Das ist eine Form des Aufpassens. Man muss Kinder
schon früh loslassen, man übergibt sie der Schule, Familien
von Freunden. Man kann nicht alles in der Hand haben.
Man ist auch überhaupt nicht allein in seiner Verantwortung, denn das Kind hat schließlich den ‚Schutzengel' bei
sich.

So muss man lernen, zu unterscheiden, wann *man selbst*
wirklich aufpassen muss. Und ‚aufpassen' bedeutet dann,
das Kind wirklich *so* weit gehen lassen zu können, wie es
nur möglich ist; erst einzugreifen, wenn es zu weit geht
oder wenn es wirklich gefährlich ist. Hat man eine sehr
ängstliche Natur, dann wird einem das Blut sehr oft zu
stocken scheinen ... das muss man ertragen lernen, und

langsam gewöhnt man sich an diese kindlichen Wagnisse.

Wir selbst hatten, als die Kinder klein waren, eine Schaukel im Garten. Die älteste Tochter war etwa vier Jahre alt, und statt auf die Schaukel zu klettern, kletterte sie ganz oben auf die Querstange und setzte sich dort hin – wie ein Steinbock, was auch ihr Sternbild ist. Da saß sie, ein paar Meter über dem Boden. Grauenvoll ist dies, wenn man sich vorstellt, dass sie herunterfallen könnte, nicht mehr herunterkommen und dann fallen könnte und so weiter. Sie aber fand es herrlich, und es passierte nichts, sie kam an den Stützstangen wieder hinunter – und machte es immer wieder.

Sie laufen auch gerne ,am Rand', die Kinder. So sah ich ein ganz kleines Kind einmal auf schroffen Felsen ,am Rand' laufen. Der Vater lief nebenher, war aber doch ein wenig abgelenkt. Es ging gut, aber die Haare stehen einem in einem solchen Moment dennoch zu Berge...

Ein anderes Mal gingen wir in Bern an einer Mauer entlang, hinter der es enorm in die Tiefe ging. Auf der Mauer saßen Studenten mit den Beinen in Richtung Abgrund, auch ein Junge und ein Mädchen, die sich innig küssten. Das sind junge Erwachsene, die keine Angst vor so etwas haben. Was aber, wenn sie Kinder bekommen? Wo ist der richtige Mittelweg? Hier kommt es auf ein gut ausbalanciertes Gefühlsleben des Erziehers an. Das Kind verfügt noch über kein Urteilsvermögen. Der Erzieher muss es haben. Und Schutzengel sind nicht dafür da, unverantwortliche Wagnisse zu beschützen...

Leibeserziehung

Diese gehört zum Erziehen des Willens dazu. Wir haben gesehen, wie das Neugeborene noch ,ziellose' Bewegungen macht, die überhaupt nicht an das Erdendasein angepasst sind. Ganz allmählich erst entstehen diese irdischen Bewegungen und werden immer feiner. Die Grobmotorik wird stärker und zielbewusster.

Es liegt nahe, dass der Erwachsene glaubt, es sei gut, die Grobmotorik durch Übung zu fördern: durch Gymnastik und Sport. Kinder haben schon aus sich heraus den Drang, sich zu üben: Rennen, Springen, Klettern, Graben, Buddeln und so weiter. Sport bringt das Element des Wettbewerbs, das Gewinnenwollen mit Hilfe trainierter körperlicher Fähigkeiten. Gymnastik ist das Training an sich und gehört heutzutage zum Unterrichtsprogramm.

Wenn man nun spielende, sich bewegende Kinder beobachtet, dann sieht man, wie sie noch immer damit beschäftigt sind, ihren Leib auszubilden und ihre Geschicklichkeit zu entwickeln – auch mit den Beinen und Füßen. Das ist ein völlig natürlich verlaufender Prozess.

Sieht man sie dann in einer Gymnastikübung, dann ‚sieht‘ das auch für das Imponderable geschulte Auge, wie hier der erwachsene Verstand, die physische ‚Wissenschaft‘, als Form dieses Trainings wirkt. Man kann es schwer ausdrücken. Der Verstand bedenkt die Übung, entwirft die Turngeräte und Übungen. Der Kinderkörper *kann* sie befolgen, er unterwirft sich der Übung. Doch der Leib wird dadurch *geformt*, und diese *Form* ist Verstandesform, die meint, dem wunderbaren Menschenleib eine Form geben zu können. Die Kondition wird trainiert, die Geschicklichkeit, die Muskelentwicklung. Aber es ist nichts Kosmisches, nichts Spirituelles in dieser Form anwesend, es ist reine Verstandesform.

Auch daran ist nichts zu ändern, es ist nun einmal so. Doch es ist ganz gewiss davon abzuraten, das Kind auch noch in der Freizeit damit zu belasten. Das geht später immer noch, für das Vorschulkind ist es nicht an der Reihe.

Ein Gegengewicht dazu bietet die Waldorfschule in der Eurythmie. Hier bewegt sich der Mensch in Übereinstimmung mit der *Seele*, der menschlichen Seele. Auch hier wird mit dem Körper geübt, aber die Bewegungen sind nicht als Muskelübungen oder zur Verstärkung der irdischen Geschicklichkeit, Körperbeherrschung gedacht. Die Bewegungen sind sichtbar gewordene Klänge und Töne, Worte und Musik. Es ähnelt dem Tanzen, aber das ist es nicht. Auch Tanz, Ballett zum Beispiel, ist eine Bewegung, die mit dem Kosmisch-Spirituell-Irdischen gebrochen hat. Eurythmie übt dies gerade, und es ist ein Segen für die kleinen Kinder, sich *so* bewegen zu dürfen.

Es kann sehr gut sein, dass von den Kindern mit dem Mund etwas ganz anderes als das Erleben eines solchen Segens ausgesprochen wird (,Eurythmie ist blöd, langweilig etc.'). Kleine Kinder sprechen nun einmal alles nach...

In den Niederlanden verschwindet die Eurythmie aus den Waldorfschulen. Das hat viele Ursachen, die auch in der Art der heutigen Vertreter der Eurythmie liegen, aber nicht nur darin. Es gibt eine Tendenz, sich für diese eigentliche, tief religiöse Spiritualität zu schämen, die der Waldorfschule ihre Form gegeben hat; und es ist noch viel mehr im Spiel. Doch wenn immer mehr Erzieher für das eigentliche Wesen des Kindes und der Erziehung erwachen, wird der Ruf nach einem anderen Unterricht, der Ruf nach einer *wirklichen* Erziehung zur Freiheit immer größer werden – bis eine Antwort darauf kommen *muss*, bestehend aus einem Unterricht, der wirklich ganz mit dem Wesen des sich entwickelnden Kindes rechnet.

Kinder und Sexualität

Sexualität blüht aus dem leiblichen Fundament einer hormonalen Entwicklung auf, die mit der Pubertät ausgereift ist.

Vor dieser Zeit gibt es keine Sexualität. Doch Kinder machen alles nach, was sie hören, was sie sehen, was sie gegenseitig bei sich sehen. So können Kinder miteinander alles anstellen, was aussieht wie Verliebtheit und Erotik – doch es ist nur äußerliches Abbild, nicht wirklich. Es ist sehr wichtig, diese Erscheinung der Nachahmung in sein Erleben aufzunehmen. Dinge, die ‚schlecht' oder ‚ungezogen' aussehen, wird man dann anders auffassen. Kinder sind wohl auch frech, aber sie sind vor allem unschuldig, und sie zeigen einem unverblümt, was sich in ihrer Umgebung zeigt, was man sehen und hören kann, aber auch, was man in Gebärden, Mimik, Handlungen usw. miterleben kann. Man fasse sich also immer an die eigene Nase und beginne auch nicht gleich, den Nachbarn oder Freunden die Schuld zu geben.

Erklärungen oder Gespräche haben auch in diesem Zusammenhang noch keinen Sinn, man sollte am besten nach passenden Geschichten und Märchen suchen, in denen im Bild gezeigt wird, was man erklären möchte.

DAS NEGATIVE BEI KLEINEN KINDERN

Bisher haben wir das Kind als ein sichtbar gewordenes Stück himmlischer Unschuld betrachtet. Zwar verschwindet diese Unschuld allmählich und weicht alledem, was auf Erden möglich ist, doch in der ersten, noch ‚himmlischen' Lebensphase, bis zum siebten Jahr, sind Kinder dennoch vor allem unschuldig, und sie leben etwas aus, was ein Gemisch aus allmählich sichtbar werdender Eigenheit, der noch allgemein psychisch-geistigen Kindlichkeit und den leiblichen Lebensprozessen ist, die stark durch die Vererbung bestimmt werden.

Aber es gibt etwas, was ein schwer zu verstehendes Phänomen ist.

Ein kleines Kind ist unschuldig, und doch sieht man schon große Unterschiede zwischen Kindern gleichen Alters. Zum Teil kann man dies auf Vererbung und Umwelt zurückführen. Doch es gibt auch schon unschuldige Vorzeichen des Charakters (des Temperaments), ja sogar der Seelen-Konfiguration. Durch die Palette der Erbanlagen und Umgebungseinflüsse hindurch schimmert etwas von dem eigentlichen Wesen hervor. Noch kann keine Rede von einem Bewusstsein oder einer Verantwortung dafür sein, es äußert sich wie eine Naturnotwendigkeit. Man sieht es in dem ganzen Kind, im Gang, den Bewegungen, der Haltung, der Gestik, der Mimik und vor allem im Verhalten.

Es gibt Kinder, die immer vorauslaufen, andere haben diesen Drang überhaupt nicht. Es gibt schreiende und schweigsame Kinder. Es gibt Wagemutige und Angsthasen, Anführer und Mitmacher. Es gibt diejenigen, die auf alles losstürmen, andere können immer wieder stille Beobachtungen anstellen; manche flattern vom einen zum anderen, andere spielen stundenlang begeistert immer dasselbe. Es gibt Kinder, die viel lachen, und solche, die viel weinen und so weiter, und so weiter.

All dies äußert sich wie Sturm, Wind, Regen, Sonnenschein, Blitz, Donner ... wie eine Naturgewalt, als elementare Äußerung – und ist darum unschuldig. Dennoch entstehen auch hierdurch schon Probleme, weil es nun einmal auch Kinder gibt, die *ungezogen* sind, selbst wenn sie auch darin unschuldig sind. Es ist von größter Wichtigkeit, dass der Erzieher die richtige Haltung dazu findet; es ist ein Segen für später und schon jetzt für die Umgebung.

In früheren Zeiten hatte man dafür einfache Lösungen. Eine Ungezogenheit war eine Ungezogenheit und musste bestraft werden: ‚So gewöhnen sie es sich hoffentlich ab.‘ Es ist der Mechanismus von Strafen und Belohnen, der auch im Abrichten von Tieren eine sehr wirksame Methode ist. Je nach Art des Erziehers wurden Kinder hart oder weich angefasst – aber angefasst wurden sie. Das probateste Mittel gegen das Ungezogensein war eine Tracht Prügel.

Wenn man sich erlebend darin vertieft, empfindet man ziemlich schnell, dass dies kein Erziehen ist, sondern wirklich ein Abrichten. Das Kind wird danach streben, Schläge zu vermeiden oder ihnen zu entgehen: Entweder brav sein – oder lügen. Damit wird die Ungezogenheit nicht behoben, es werden nur ihre Äußerungen begrenzt. Man kann sich vorstellen, dass die ‚Ungezogenheit‘ andere Wege sucht und diese sicher finden wird. Oder es wird der eigentliche *Wille* des Kindes gelähmt, was Anlass für spätere Schuldkomplexe und Depressionen ist.

Das heißt natürlich nicht, dass es überhaupt nie einen

Anlass für einen Klaps geben könnte. In unserer modernen Gesellschaft mischt sich hier der Staat ein: Erzieher, die Kinder schlagen, machen sich strafbar. Das ist theoretisch gesehen sehr schön, praktisch jedoch wirkt es so natürlich nicht. Ein gebildeter Erzieher, der moderne Einsichten hat, *will* keine Kinder schlagen. Er oder sie erlebt intensiv die Unschuld eines Kindes, und wer würde ein unschuldiges Wesen angreifen wollen? So gehen wir mit Kindern also nicht um.

Doch wir müssen etwas tun, wenn ein Kind wirklich über die Stränge schlägt. Nicht, wenn es uns ein bisschen ärgert; wir müssen lernen, sehr viel zu ertragen. Was wir in uns selbst an Ärger haben, das äußert das Kind nun einmal spontan. Geduld ist also die allererste Tugend des Erziehers. Aber das Kind kann auch wirklich zu weit gehen. Wenn man dies dann *weiter* erträgt, lässt man die Erziehung aus den Händen gleiten. Das Kind lebt sich *natürlich* aus und muss also auch sehr *natürlich* gegen Grenzen stoßen. Wenn das Kind wild zu rennen beginnt und hinfällt, dann ist das Fallen eine natürliche Begrenzung. So muss der Erzieher vorgehen. Natürlich nicht, indem er ein Kind fallen lässt, sondern indem er als eine natürliche Begrenzung wirkt.

Meist hat die kindliche Unartigkeit etwas Aufgewecktes. Initiativreich und tatkräftig ist die Unartigkeit. Mit Absicht Dinge machen, die man nicht darf, weil das spannend ist. Zusammen etwas unternehmen, weil man sich zusammen stark fühlt. Aber auch etwas nehmen, weil man es gerne haben will oder weil man Lust darauf hat (ein Stück Kuchen). Ein spezielles Thema ist das Ärgern anderer Kinder. Weil dies ein so großes Problem ist, widme ich dem ein eigenes Kapitel.

Die Unartigkeit ist also aktiv und aufgeweckt. Der Erzieher dagegen ist ganz ernst und oft auch gehörig verärgert oder böse – und nimmt es also sehr übel. Wie geht man mit unartigen Kindern um?

Wenn man hier den richtigen Weg finden will, ist es wichtig, täglich auf die Situationen des Tages zurückzuschauen und hierbei auf einige Punkte zu achten.

Man nehme *eine* Konfliktsituation dieses Tages und stelle sich die Situation so lebendig wie möglich vor, sowohl als Geschehen als auch in Bezug auf das eigene Verhalten.

Man schaut natürlich, wie man immer schaut, von seiner persönlichen Sichtweise aus. Man kann nun aber einmal versuchen, diese Sichtweise kritisch zu betrachten. Oder hat man keine Sichtweise und tut, was der Moment einem eingibt? Dennoch liegt auch dem eine Art Sichtweise zugrunde, derer man sich jetzt einmal bewusst werden kann.

Meist wird der eigene Standpunkt durch den erwachsenen Blick auf die Situation bestimmt. Man beurteilt Kinder nach seinen eigenen Maßstäben. Man hat allerlei Meinungen über alles Mögliche, und das bestimmt einen – und dadurch auch das Verhalten der Kinder.

Vielleicht findet man, dass sich Kinder ordentlich benehmen müssen, dass sie zuhören und gehorchen sollen. Oder man findet, dass sie ihre Sachen machen dürfen, so ungehindert wie möglich. Zwischen dem einen und dem anderen Standpunkt liegt eine ganze Skala von Zwischenschritten. Durch diese Sichtweise *sieht* man schon überhaupt nicht mehr, was nun eigentlich los war. Wenn man seine Auffassungen nun aber einmal loslässt und versucht, unbefangen zu schauen – so, wie man schaut, wenn einen etwas nichts angeht...

Wahrscheinlich wird man in neun von zehn Situationen sehen, dass alles viel zu ernst genommen wird, dass man nie den Humor der Situation sieht. Könnte man diesen sehen, dann hätte man in neun von den zehn Fällen überhaupt kein Problem. Kinder sind noch heiter und wohlwollend, sie lieben Fröhlichkeit und Aktivität. Sie sehen nichts Böses in den Dingen, die sie anstellen.

Natürlich muss man in dem zehnten Fall wirklich eingreifen und eine Grenze setzen. Aber die Gabe der Unterscheidung muss entwickelt werden. Dies tut man, wenn man täglich eine solche Situation aus seiner Erinnerung heraufholt und sie einmal unbefangen betrachtet. Wirklich, man wird sehen, dass meistens ein Lächeln auf dem eigenen Gesicht erscheinen wird und man ein Gefühl von Scham über das eigene verstockte schulmeisterliche Verhalten bekommen wird.

Wenn man eher auf der anderen äußersten Klippe steht und findet, dass man seine Kinder herumtollen lassen müsse, was auch geschieht – dann sieht man im Rückblick das Über-das-Ziel-Hinausschießen der Späße, das Getobe, das Geschrei. Man sieht, wie *faul* man eigentlich ist – und wie einem auch hier wieder das Lächeln fehlt. Das Kinderschiff ist steuerlos, man geht davon aus, dass sie selbst steuern können – und damit überschätzt man das Kind enorm. Das ergibt auf eine *andere* Weise zu viel Ernst. Man muss ein Gefühl für den Moment entwickeln, in dem das freie Spiel umschlägt in etwas, was mit Vernichtung Verwandtschaft hat. Genau *vor* diesem Punkt wird man eingreifen müssen. Dies erfordert jene große Kunst in der Erziehung, die beide Klippen umschiffen kann: die Kunst der *Ablenkung*.

Kinder sind Aufmerksamkeitskünstler. Sie gehen in ihrer Beschäftigung völlig auf, bis es etwas gibt, was interessanter ist, was ihre Aufmerksamkeit unwiderstehlich anzieht. Fast alle Kinder sind damit zu ,verführen', sie geben ihre Unartigkeit gern für etwas auf, was interessanter ist. Doch dafür muss man eine andere Sicht auf das Erziehen entwickeln.

Man ist dann nicht der Mächtige, der Befehle geben kann, denen gehorcht wird. Man ist auch nicht der Machtlose, der untätig zusieht, wie das Chaos ausbricht. Man taucht in das Spiel ein und versteht es, sich etwas auszudenken, wodurch sich der Wind drehen kann.

Dabei muss man sich seiner Sache jedoch sicher sein. Zweifelnde Erzieher bringen nichts zuwege. Wenn man abseits stehend mit schwacher Überzeugung sagt: ‚Kommt, Jungs, wir werden jetzt das und das tun...' und schon weiß, dass sie doch nicht hören – dann hören sie natürlich nicht. Es muss eine Art Sturm in einem aufkommen, eine Willenskraft, die einem die Sicherheit gibt: Es geht jetzt, wie *ich* will!, ohne dies sagen, schreien, rufen zu müssen. Kinder sind äußerst empfindsam für diese ‚Sturmkraft' im Erzieher. Dieser Sturm ist nicht böse, sondern energisch, initiativ und von seiner Autorität überzeugt. Bei Kindern ist es eine Willens-Handlung, die verrichtet werden muss. Predigen hat keinen Sinn, bewirkt das Gegenteil. Ein munteres Umlenken der Situation, so dass sich die Energie der Kinder – die zügellos sein kann – in ein besseres Fahrwasser begibt, ist die fruchtbarste Erziehung. Mitmachen und Umlenken, ‚auf andere Gedanken bringen'.

Kinder lieben dies wirklich. Man steht staunend vor ihrer geschmeidigen Fügsamkeit, ihrer Freude, sich wieder mit etwas Neuem zu beschäftigen.

Es geht natürlich längst nicht immer, oft entstehen doch wieder Konflikte. Aber nicht immer, und darüber hinaus wird man immer geschickter in dieser Kunst des Umlenkens der Aufmerksamkeit.

Man wird Kinder noch mehr lieben, wenn man sieht, wie sie reagieren, wie unbefangen sie sind, wie enthusiastisch und voller Erwartung. Kleine Kinder ruinieren mit Liebe die teuersten Dinge. Das braucht man nicht geschehen zu lassen: Man lenke diese Begeisterung auf etwas anderes. Wenn man ruft: Nicht anfassen! gehen sie immer wieder auf diese Sache zu. Wenn man etwas anderes bieten kann und inzwischen eine passende Geschichte erzählt ... wird man überrascht sein, wie vielseitig diese Kindesliebe ist.

ÄRGERN UND GEÄRGERT WERDEN

Mit Absicht benutze ich nicht das gewöhnliche Wort für ‚jemanden ärgern‘.[7] Der Unterschied liegt genau in dem Unterschied, ob man es unbewusst oder bewusst ‚auf jemanden abgesehen‘ hat. Wenn wir dem Problem des späteren ‚Ärgerns‘ gut begegnen wollen, müssen wir schon die ersten Anfänge des Sich-Streitens verstehen lernen.

Vom Verständnis aus werden wir den richtigen Ansatz finden und verhindern, dass die Wurzel des ‚Sich-Streitens‘ zu den Dornen des ‚Jemanden-Ärgern‘ auswächst.

Von Babys wird man nie sagen, dass sie einander ärgern, von Kindergartenkindern eigentlich auch noch nicht. Diese stehen einander vielleicht im Weg und unternehmen dann das eine oder andere, um den Weg frei zu machen, aber wirklich ‚Ärgern‘ wird man das nicht nennen. Dieses ‚Ärgern‘ entsteht erst, wenn ein Kind oder mehrere Kinder es auf ein anderes Kind abgesehen haben, das zu ihrer Zielscheibe wird.

Eigentlich liegt hier die größte Aufgabe des Erziehers: Verhindern, dass irgendjemand eine Zielscheibe wird. Es ist die Gewohnheitsbildung, die hier eine Rolle spielt, nicht so sehr das ärgernde oder das geärgert werdende Kind. Man kann auch nicht sagen, dass nur das ärgernde Kind ‚Schuld‘ habe und der Geärgerte ‚unschuldig‘ sei – dies unterstützt die Gewohnheitsbildung von Schütze und

---

[7] Im Niederländischen: ‚plagen‘ bzw. ‚pesten‘.

Zielscheibe. Kleine Kinder leben elementar, und man hat nun einmal Kinder, die von Natur aus ‚drauflosgehen‘, und Kinder, die von Natur aus ‚alles auf sich zukommen lassen‘. Das ist so, es darf jedoch nicht zu einem Muster zwischen bestimmten Kindern werden.

Der Erzieher muss dies wahrnehmen. *Einmal* ist es nicht schlimm, ein zweites Mal zwischen denselben Kindern ist schon zuviel. Dies *muss* umgelenkt werden und darf dann nicht so gelöst werden, dass man den Angreifer als den Bösen und das andere Kind als das arme Opfer behandelt. *Beide* müssen lernen, sich anders zu stellen. Der Angreifer muss lernen, sich zurückzuhalten, der Angegriffene muss lernen, sich zu wehren. Das Bild lieber, friedlicher Kinder, die miteinander einen Himmel auf Erden haben, ist nicht reell.

Das Bild von Übeltäter und Opfer ist *auch* nicht reell. Beide Bilder sind Extreme, und die schönste Frucht einer richtigen Herangehensweise ist, dass man miteinander den Mittelweg findet.

Beide Typen sind ‚unschuldig‘, und der Erzieher muss diese Unschuld zu bewahren verstehen, damit keine ‚Zielscheiben-Muster‘ entstehen.

Nun liegt *vor* dem ersten Mal Ärgern natürlich bereits eine ganze Vorgeschichte. Die Kindergärtnerin hat die Aufgabe, dafür zu sorgen, dass keine *Muster* entstehen. Aber schon die Eltern müssen durch eine gute Erziehung die nötige Vorsorge treffen.

Eine Gruppe von Kindern, die jeden Tag miteinander umgehen, bildet ein lebendiges Ganzes. Das Ärgern bzw. Geärgertwerden ist ein Symptom dafür, dass bestimmte Kinder sich darin nicht behaupten können. Es sind nicht immer die schüchternen Kinder, die geärgert werden, es sind vor allem die Kinder, die sich nicht ‚konform‘ zu verhalten wissen. Schon im sozialen Leben der Kinder entsteht eine Art ‚Systemzwang'. Man muss so und so sprechen, spielen, rennen, gekleidet sein, diese Dinge ‚toll' und jene ‚blöd' finden und so weiter... Nach zwei Seiten heben sich Kinder heraus: Es gibt diejenigen, die den ‚Trend' bestimmen, und es gibt diejenigen, die nicht mitmachen (können).

Dies bleibt das ganze Leben hindurch ein soziales Muster, doch es beginnt im Kindergartenalter, während es da noch überhaupt nicht ‚echt' ist, sondern auf Nachahmung beruht. Kinder sind nicht nur niedliche, kosmische Wesen, die auf die Erde herniedergewirbelt sind. Es sind der Natur nach auch wilde Bestien, klein und niedlich, aber es muss trotzdem auch eine Art Dressur dieses Elementes geschehen. Das Spannungsfeld zwischen ‚originell' und ‚sozial' beginnt schon im Kindergartenalter.

Wie verhindert man das Entstehen des Ärgerns?

Wir leben nicht in einer idealen Welt, und ganz verhindern kann man das Ärgern nicht. Das Erste, was man sehen lernen muss, ist, dass es eigentlich eine Form von Humor ist. Alles Ärgern ist im Grunde Humor, und wenn man genau hinschaut, dann sieht man, dass das Ärgern dem Allzuernsten zu Leibe rückt. Natürlich hat das Wort ‚Ärgern' eine andere Bedeutung. Aber das kindliche Ärgern ist Humor. Natürlich ist es ein falsch laufender Humor, wenn Kinder anfangen, sich über ein anderes Kind lustig zu machen. Doch im Grunde hat man auch hier das Wechselverhältnis von Humor einerseits und zu großem Ernst andererseits.

Um Kinder nicht zur Zielscheibe zu erziehen, ist *eine* Sache von allergrößter Wichtigkeit (ich sage nicht, dass dies die einzige Ursache ist!): Man trage seine Kinder nicht zu sehr auf den Händen, vergöttere sie nicht. Man durchdringe sich mit dem Bewusstsein, dass sie einerseits einzigartig

133

sind und also ganz besonders, dass dies jedoch andererseits für *alle* Menschenkinder gilt. Es ist der Blick eines tief verwurzelten Egoismus, seine Kinder allzu sehr auf Händen zu tragen. Dies ist etwas ganz anderes als Liebe.

Es gab in den Niederlanden früher einen sogenannten ‚Bund ohne Namen'. Er gab Weisheitssprüche heraus, die man sich aufhängen konnte. Und so hing im Atelier meiner Mutter wöchentlich oder monatlich ein neuer Spruch – *einer* jedoch blieb hängen, ihn habe ich täglich gesehen, seit er dort hing: ‚Verwöhnte Kinder entbehren der Liebe'. Sie werden allmählich zur Zielscheibe oder – abhängig von ihrem Temperament – zum Angreifer.

In der alten Lehre der Untugenden (Sünden), wie sie zum Beispiel in Dantes ‚Göttlicher Komödie' dargestellt ist, wird sichtbar gemacht, dass alle Untugend auf die Liebe zurückzuführen ist. Und so findet man in den Ärgerern und Geärgerten eine entgleiste, aus der Spur geratene Liebe – und das macht das Ärgern zu einem wichtigen Thema in der Erziehung.

Sünde entsteht erst, wenn der Mensch ein Wissen von sich selbst hat und *sich* vollkommen von der Umgebung unterscheiden kann. Das kann das Vorschulkind nicht, das Grundschulkind kaum und der pubertierende Teenager nur bis zu einem gewissen Grade. Echte Sünde wird erst im Erwachsenenalter möglich. Sich dessen bewusst zu sein, ist sehr wichtig, wenn man Kinder gut erziehen will. Kleine Kinder sind natürliche Liebes-Wesen, und was sie falsch machen, muss man so auffassen, dass sie von Natur aus auf Abwege geraten und eine Korrektur brauchen, jedoch keine Verurteilung und eine aufgrund dessen erteilte Strafe oder eine Festlegung als ‚schlechtes Kind'.

Dante dichtete hierüber die folgenden Worte:[8]

,Nun kommt, weil Liebe jetzt und niemals
Das eigne Heil aus dem Auge will verlieren,
Kein Mensch in die Gefahr, sich selbst zu hassen,
Und weil für sich kein Ding verstanden werden kann,
Getrennt von Ihm, der aller Dinge Ursprung ist,
Ist auch kein Herz imstande, Ihn zu hassen.'

Darin sind Kinder noch ganz aufgenommen, sie leben sich aus und tun dies in Liebe. Doch es gibt Vorzeichen der späteren ,Sünde', und diese vermischen sich mit dem Ärgern, wenn dieses feste Formen annimmt. Es ist die Aufgabe des Erziehers, nicht des Kindes, dies von Anfang an zu verhindern. Fünf solcher Vorzeichen spielen bei Kindern eine Rolle, zwei andere sind noch überhaupt nicht wirksam.

Im Menschen lebt die Neigung, sich ,wie gebannt' auf einen anderen zu fixieren, und diese Neigung hat drei Formen:

Der Mensch versucht, zu strahlen, indem er den anderen herabsetzt (superbia, Stolz).

Der Mensch kann es nicht ertragen, dass ein anderer strahlt oder dass es ihm gut geht, und wünscht dem anderen das Gegenteil (invidia, Neid).

Der Mensch ist infolge eines erlittenen Unrechts *so* beleidigt, dass er auf Rache sinnt und die Gewalt sucht (ira, Zorn).

---

[8] Dante, Divina Commedia, Purgatorium.

Überdies gibt es zwei andere Vorzeichen:
Die Liebe ist zu schwach, was zur Lauheit und Trägheit führt (acedia, Faulheit).
Der Mensch hat unerschöpfliche Wünsche auf Kosten des Anderen (avaritia, Habsucht).

Kinder haben diese Untugenden zwar noch nicht, aber sie leben etwas aus, was ihnen ähnelt. Die beiden übrigen Untugenden Völlerei (gula) und Wollust (luxuria) findet man bei Kindern noch nicht, auch nicht als Vorzeichen.

Kinder, die andere Kinder ärgern, zeigen vor allem die ersten drei Untugenden, Kinder, die geärgert werden, die zweite und vierte Untugend. Die fünfte führt zu den gewöhnlichen Streitigkeiten zwischen den Kindern.

Es ist sehr heilsam, wenn man als Erzieher diese Äußerungen erkennen lernt, ohne das Kind danach zu beurteilen. Es ist die Sache des Erwachsenen, dafür zu sorgen, dass diese Äußerungen in gute Bahnen gelenkt werden.

Wie gesagt, ist es von größter Wichtigkeit, Kindern nicht zuviel Ehre zu geben, um zu verhindern, dass sie sich angewöhnen, sich als ‚mehr‘ als die anderen zu empfinden. Liebe ist nicht das Auf-Händen-Tragen des Kindes, als etwas absolut Einzigartiges und Erhabenes – das gehört zum Gebiet der ‚superbia‘. Die echte Liebe ist von selbst da und nimmt in dem Maße zu, in dem man mehr Bewusstsein von dem wahren Kindeswesen und den kosmischen und irdischen Zusammenhängen bekommt (zunehmende Weisheit). Eine solche Liebe kann man für *alle* Kinder empfinden. Wenn sie das eigene Kind betrifft, kommen die Blutsbande hinzu, die die natürliche Liebe verstärken. Das ist eine Wohltat für einen selbst und das Kind – vorausgesetzt, man behält die Möglichkeit, auch objektiv anzuschauen, so, wie man alle anderen Kinder anschaut.

Ärgern beruht also in Wirklichkeit auf Humor, Geärgertwerden beruht auf einem Mangel daran, das heißt, einem zu großen Ernst bezüglich eines eigenen Interesses, der eigenen Bedeutung, oder einem Unvermögen, den Humor mitzumachen.

Ein zweiter Faktor beim Geärgertwerden ist der Mangel an Wehrhaftigkeit und ,kindlichem Selbstwertgefühl'.

Was ist zu tun, wenn ein Kind geärgert wird?

Kinder erzählen dies längst nicht immer. Es ist also Achtsamkeit geboten.

Sobald man merkt, dass das Kind geärgert wird, muss jeder davon in Kenntnis gesetzt werden: die Kindergärtnerin *und alle* Eltern der Plagegeister. Wenn man dies so weit wie möglich ohne Vorwurf tun kann, werden sie alle dazu beitragen wollen, das Ärgern aufhören zu lassen.

Von dem Moment an kann dafür gesorgt werden, dass in der Klasse und auf dem Schulgelände absolut nicht mehr geärgert wird, die Verhaltensmuster können umgelenkt werden, indem man gemeinsame Spiele organisiert, die betreffenden Kinder gerade miteinander kleine Aufträge erfüllen lässt, sie miteinander bekannt macht und mithilft, dass eine Freundschaft entsteht.

Moralisieren hilft nicht, Strafen ebenso wenig. Geschichten zu erzählen, in denen ins Bild gebracht wird, was man sagen will, wirkt viel besser. Es verlangt viel Einsatz, trägt aber auch gute Früchte, und es ist sehr befriedigend, zu sehen, dass gerade solche Kinder Freunde werden.

Wenn man ein Kind hat, dass geärgert wird, wird man auch zuhause etwas unternehmen müssen. Auch hier hat es keinen Sinn, die Situation zu erklären oder mit Worten zu versuchen, dem Kind eine andere Haltung beizubringen. Man wird sorgfältig wahrnehmen und intensiv erleben müssen, *was* in dem Kind liegt, das dazu führt, dass es geärgert wird. Ich will hier kein Plädoyer dafür halten, sich an die heutigen Moden und Trends anzupassen, aber etwas wird man doch zugestehen müssen, damit das Kind sich nicht zu sehr unterscheidet – man schaue also, ob die Kleidung oder ähnliches vielleicht ein wenig anders werden muss. Man achte auf alles, worauf man als Eltern Einfluss nehmen kann und wodurch das Kind im lebendigen Ganzen des Zusammenlebens mit den anderen Kindern kein Außenseiter sein muss. Es gibt auch sehr Vieles (zum Beispiel die Körpergröße), worauf man *keinen* Einfluss hat, das ist nun einmal so. Doch auf vieles andere *kann* man als Eltern Einfluss nehmen.

Sodann muss dem Kind beigebracht werden, sich zu *äußern*. Es muss sagen, dass es geärgert wird, dann können wir etwas dagegen tun. Das Kind kann dies lernen, auch, dass es kein ‚Petzen‘ ist, sondern dass es notwendig ist, darüber zu sprechen.

Man darf als Eltern nicht zu sehr ein Drama daraus machen. Achtsamkeit ist wichtig, doch das Kind darf nicht die Neigung bekommen, sich als Opfer zu erleben.

Man kann auch selbst aktiv werden: Man kann die Kinder, die das eigene Kind ärgern, einladen, zum Spielen zu kommen, und etwas Schönes machen. Sie sehen dann, dass es auch toll ist, mit *diesem* Kind zu spielen. Zu einem Problem wird das Ärgern durch die Passivität der Eltern und der Lehrkräfte. Es kann ein großes Problem werden, doch gerade deshalb verlangt es großen Einsatz. Anklagen und Sich-Beklagen hilft nichts, es muss eine enorme Aktivität entfaltet werden.

Auch zuhause kann man Geschichten erzählen und vorlesen, die ins Bild bringen, was Ärgern ist und wie man sich dagegen wehrt. Man wird das Kind lehren müssen, den Humor der Situationen zu sehen; ihm beibringen, wie es mitmachen kann, statt sich auszuschließen bzw. ausgeschlossen zu werden; wie es Grenzen setzen kann; wie es selbst Freundschaften schließen kann. Die Qualitäten des Kindes müssen hervorgelockt werden. Kurz, das Ganze verlangt einen großen Erfindungsreichtum und eine Aktivität. Man wird merken, dass ein Teil der Verletzlichkeit des Kindes bei einem selbst und dem Partner liegt. Indem man sich selbst anfeuert, das Problem energisch und mutig anzugehen, erringt man Siege über *sich selbst*, wodurch auch das Kind stark werden kann.

Es muss nun noch *eine* Art von Kindern, die geärgert werden, von den anderen unterschieden werden. Es ist wichtig, dies nicht als *Urteil* zu verwenden, denn es ist gar nicht so einfach, herauszufinden, dass man es mit einem solchen Kind zu tun hat.

Kinder sind hellsichtig, das heißt, sie nehmen wahr, was wir längst nicht mehr bemerken. So nehmen sie uns sehr weitreichend wahr, aber auch sich untereinander. Sie haben die himmlische Weisheit noch nicht ganz abgelegt, aber diese ist dennoch bereits vermischt mit dem ‚Vorspiel' der eigenen Tugenden und Untugenden.

So kann es vorkommen, dass Kinder bei einem anderen Kind ahnen, dass es eine höhere Entwicklung hat, dass es *mehr* mitbringt als sie selbst. Dann wird der *Neid* die Triebfeder für das Ärgern. Das betreffende Kind ist meist auch ernst, jedoch nicht schnell verletzt und sehr duldsam. Das ist für Erwachsene mit ihrem durch den Intellekt trübe gewordenen Blick nicht so einfach zu beurteilen. Dieses Kind unterscheidet sich auch, doch man würde nicht wollen, dass es anders wäre. Es ist jenes Kind, das sich später als ein Genie erweist, oder als ein Mensch mit einer großen Liebe, mit Charisma – oder allem zugleich.

Wenn man so etwas wahrzunehmen glaubt, ist es um so

wichtiger, das Kind ‚gewöhnlich' zu behandeln und ihm zu helfen, wehrhaft seinen Platz auf Erden einzunehmen.

Das hierzu gehörende Märchen ist ‚Das hässliche Entlein'. Es ist heilsam sowohl für das Kind, das geärgert wird, als auch für diejenigen Kinder, die es ärgern.

Was ist zu tun, wenn das eigene Kind andere Kinder ärgert?

Auch hier ist das Öffentlichmachen das Wichtigste, meist aber kommt man als Eltern erst dahinter, wenn sich die Erzieher oder andere Eltern beklagen. Man fühlt sich angegriffen, vielleicht machen sie einem auch wirklich Vorwürfe. Was nun?

Es ist wichtig, sowohl vor sich selbst als auch vor den anderen zu betonen, dass der Prozess des Ärgerns auf einem Problem auf beiden Seiten beruht – und dass er also auch nur zu lösen ist, wenn man ihn beidseitig angeht, ohne selbst in die Rollen des Anklägers und des Beschuldigten zu verfallen, denn dann würde man den Prozess schließlich nur auf erwachsene Weise fortsetzen. Alle Erwachsenen, die damit zu tun haben, müssen lernen, sich *über* den Prozess zu stellen, statt ein Teil dessen zu werden. Natürlich will man sein eigenes Kind entlasten und wollen die Eltern des Kindes, das geärgert wird, ihr Kind als das unschuldige betrachten. Und die Lehrerin bzw. der Lehrer will nicht sehen, dass er/sie etwas unterlassen hätte.

Dennoch wird man als Eltern gut auf die Ursachen und Anlässe achten müssen, wodurch das Kind begonnen hat, ein anderes zu ärgern. Kinder sind heutzutage einem Übermaß schlechter und hässlicher Bilder ausgesetzt, die in der dafür empfänglichen Kinderseele die Neigung zum Ärgern wecken. Denken wir einmal an die (unschuldigen) Zeichentrickfilme. Es sind sehr oft ganze Serien von Bildern gegenseitiger Ärgereien, wobei die ‚Moral der Geschichte' fehlt. Auch die Computerspiele haben vielfach mit ‚stark‘ und ‚schwach‘ zu tun und verführen das Kind dazu, nun auch wirklich *Handlungen* zu vollziehen, mit denen es sich ‚spielend‘ stark fühlen kann. Stark und schlau. Moral und Gefühl sind nicht dabei.

Kinder, die andere Kinder ärgern, brauchen es sehr, dass auf ihr Gemüt gewirkt wird, dass sie empfinden lernen, wie es ist, geärgert zu werden, die Zielscheibe zu sein, ausgeschlossen zu werden. Das kann man nicht erreichen, indem man mit einem Kind spricht und ihm erklärt, was es eigentlich macht. Wenn man sich dem Kind auf eine derart rationale Weise nähert, ruft man nur etwas auf, was noch unreif ist.

Man wird – wiederum – Geschichten suchen müssen, die man vor dem Schlafengehen erzählen kann. Geschichten, bei denen sich das Kind mit den Schwächeren identifizieren kann, die sich schließlich als die Stärksten erweisen. Märchen über den Dummkopf, der der Schlaueste ist; das Hässliche, das sich zum Allerschönsten wandelt; die Magd, die zur Prinzessin wird usw., sie erwecken im Kind ein richtiges Gefühl für Verhältnisse, ein kreatives Bild von ‚stark und schwach‘.

Es ist jedoch nicht genug, nur über die Vorstellung zu wirken, man wird auch etwas *tun* müssen. Ärgern ist schließlich verkappte Liebe, es kann auch eine entstellte Äußerung eines Verlangens nach Freundschaft sein. Die Deutschen sagen nicht umsonst: ‚Was sich liebt, das neckt sich‘.

Die neckenden Kinder können dazu gebracht werden, mit dem geneckten Kind Freundschaft zu schließen. Das geschieht alles noch ganz elementar. Man kann unmöglich einfach sagen: Gebt euch die Hand... Man wird das Kind zuhause fragen müssen; aktiv sein müssen, um dazu beizutragen, dass das eigene neckende Kind das geneckte Kind zu mögen beginnt. Das ist natürlich nicht zu erzwingen, doch man kann sehr wohl Gelegenheit dazu bieten. Wenn das Kind ausruft, dass es das nicht *will*, lasse man gerade das ,die Strafe' sein, dass es einfach geschieht – es *muss* einfach. Kinder sind *so* leicht dazu zu verleiten, dann *doch* miteinander zu spielen – und die schönsten und dauerhaftesten Freundschaften beruhen oft auf solchen Überwindungen!

Nun haben wir uns dem Problem des Neckens und Ärgerns von der positiven Seite genähert. In dem Maße, wie die Kinder älter werden, kann etwas sehr Bösartiges mitzuspielen beginnen. In der Vorschulzeit ist dies nur elementar anwesend, als Anlage. Und doch müssen wir die Frage stellen: Worauf beruht das spätere bösartige Ärgern? Kleine Kinder können auch hart sein, aber sie sind es unschuldig. Worauf beruht diese Härte, die später zum Ärgern Anlass geben kann?

Sowohl der Körper als auch die Individualität sind ,imponderablen' Ursprunges, sie werden heutzutage nicht mehr so betrachtet, doch in diesem Buch habe ich versucht, den übersinnlichen Ursprung des Kindes nach Leib, Seele und Geist denkbar, spürbar zu machen. Die positive Seite des Kindes ist es, die vor allem die Aufmerksamkeit erhalten und genährt, stimuliert, gefördert werden muss.

Aber der Mensch hat auch eine Verbindung mit dem elektrischen und magnetischen Kräftefeld der Erde und braucht dies sogar im eigenen Leib. Wir alle kennen das EKG und das EEG, das sind Messungen der elektrischen Wirkungen in Herz und Gehirn. Vom materialistischen Weltbild aus wird dies als ein Lebensbeweis betrachtet; zeigt das EKG und/oder EEG eine gerade Linie, ist schließlich das Leben ausgelöscht.

Nun kann man dieses Elektrische natürlich mit dem gleichen Recht als eine *Äußerung* des Lebens und nicht als das Leben selbst ansehen. Empfindsame Menschen können das Spannungsfeld, in dem sie sich befinden, von ihrem eigenen, natürlichen Spannungsfeld unterscheiden; sie können auch erleben, wie dieses mit der Umgebung in Interaktion steht. Kinder sind von Natur aus solche empfindsamen Wesen, nur können sie nicht *bewusst* unterscheiden.

In der heutigen Zeit hat der äußere Elektromagnetismus durch unsere elektronischen Geräte und den ganzen Inhalt, der sich im ‚Äther' befindet, eine enorme Ausbreitung erfahren. Es ist eine Welt in sich geworden, in die sowohl die Kinder als auch die Erwachsenen eingesponnen sind. Diese Welt lebt aufgrund von Zerstörungskräften, von Abbaukräften. Das mag wie eine Behauptung erscheinen, doch jeder aufmerksame Erwachsene kann dies wahrnehmen lernen. Ein paar Stunden Arbeit mit dem Internet, ein längeres ‚Spielen' mit dem Handy – wer kennt nicht die Gefühle der Ermüdung, bis hin zur Erschöpfung, die auf Abbau beruhen? Diese Wirkungen sind auch da, ohne dass man ins Internet geht, aber sie werden dadurch enorm verstärkt. Für das Erleben, für das Gefühl bedeutet Abbau Antipathie, Aufbau Sympathie. Lange am Computer zu sitzen, macht missgelaunt, gereizt.

Diese Wirkungen nehmen Kinder verstärkt auf, sie haben keinerlei Abwehr dagegen. Einerseits nehmen sie die Antipathie der Erwachsenen auf, andererseits werden sie selbst zu antipathischen Wesen, wenn sie selbst an den Computer dürfen oder viel fernsehen dürfen. Es sind dann wirklich nicht nur die Inhalte, es sind die leiblich-psychischen Effekte: Antipathien, die geschaffen werden. Das ruft den ‚Plagegeist', den ‚Ärgerer' im Kind hervor; es kann einem Kind jedoch auch eine so negative Ausstrahlung geben, dass es damit das Geärgert-*Werden* hervorruft.

Je mehr diese Antipathie-Kräfte vorherrschend werden, desto schärfer und bösartiger wird das Ärgern, bis es schließlich zu einem voll bewussten Ärgern und sogar ‚Mobben‘ kommt – was bei Vorschulkindern wie gesagt noch nicht vorkommt.

Wir können den Antipathie-Kräften entgegenwirken, indem wir immer wieder die Sympathie-Kräfte aufrufen. Alle Aktivität ist ihrem Wesen nach Sympathiekraft, man muss also sehr viel mit den Kindern *machen*, sie fortwährend stimulieren, zu spielen und zu phantasieren.

Alles, was *geformt* ist, ist für Kinder eigentlich ungeeignet, es wirkt im Gebiet der Passivität und des Abbaus. Sie müssen *selbst* formen können: Zeichnen, Malen, Modellieren, Schneiden, Kleben; Rennen, Rangeln, Klettern, Buddeln, im Haushalt und in der Küche helfen. Nicht in den Vergnügungspark, da ist wiederum schon alles fertig, sondern in den Sandkasten und in den Wald...

Als Erzieher muss man viel tun, um die richtigen Gefühle und Erlebnisse für das Wahrnehmen der Antipathiekräfte zu entwickeln. Man findet dann von selbst die richtigen Gegenmaßnahmen – und man findet die Kraft, zu verhindern, dass zuhause viel ferngesehen wird, mit dem IPad gespielt wird und so weiter...

LANGSAME ODER GESTÖRTE ENTWICKLUNG

In den Zeiten, in denen der Mensch noch ein intuitives Wissen hatte, wusste man von diesem Wissen aus ziemlich genau, ob sich ein Kind gesund entwickelte oder nicht.

Weil dieses Wissen in unserer Zeit fast ganz verschwunden ist, sind Schemata und auch Grafiken entstanden, in denen die ‚normale' Entwicklung wiedergegeben wird. Und es wurden Tests erdacht, die angeben sollen, wie sich das Kind entwickelt, sowohl physisch als auch in Bezug auf die Grob- und Feinmotorik, die Sprache, das Denkvermögen. Darüber hinaus sollen die Erzieher, die Kindergärtnerinnen, die Lehrer genau protokollieren, was auffällt und was nicht. So entsteht für jedes Kind ein ganzes Dossier von Resultaten und Mängeln. Wenn die Gesamtheit der Eindrücke einen Anhalt dafür gibt, dass eine Entwicklungsstörung vorliegen könnte, wird eine Prozedur von Untersuchungen, von Begleit- und Fördermaßnahmen in Gang gesetzt.

Ich will dieses ganze System von Wahrnehmungen und Urteilen gewiss nicht umstoßen. Es hat sicher einen Wert. Doch die Gefahr besteht – und diese zeigt sich auch vielfach –, dass die Erzieher ihre *eigenen* Eindrücke bei solchen Untersuchungen zu sehr zurückhalten oder gerade völlig nach diesen Untersuchungen richten.

Durch diesen ganzen Ansatz des Registrierens, Messens und Testens entsteht überall die Angst, etwas zu übersehen. Eine übersehene ‚Abweichung' wird etwas Furchtbares. Doch dadurch verschwindet das Bewusstsein, dass eine *unrichtig registrierte* Abweichung eine vielleicht noch größere Katastrophe ist. Wenn (zu) spät konstatiert wird, dass ein Kind Entwicklungsprobleme leiblicher, intellektueller oder sozialer Art hat, kann in den meisten Fällen noch erfolgreich eingegriffen werden. Im umgekehrten Fall ist es wirklich anders.

Wenn ein Kind sich etwas langsamer entwickelt oder durch bestimmte Umstände eine Störung zeigt, wäre es am meisten im Interesse des Kindes, wenn Geduld vorhanden wäre. Alle beteiligten Menschen haben Eindrücke von einem solchen Kind, und diese können sehr verschieden sein. Oft wird das Urteil der Eltern nicht ernst genommen, da diese subjektiv seien. Das kommt natürlich auch vor, aber ist das so schlimm? Es kommt auch vor, dass gerade die Eltern sehr beunruhigt über eine (vermeintliche) Störung sind. Auch dann wäre Geduld die beste Haltung. Natur und Geist sind mächtige Kräfte, viel mächtiger als unsere ‚Programme'. Die meisten leichten und mäßigen Störungen sind vorübergehender Art. Es braucht *Geduld*, dieses Vorübergehen abzuwarten. Im Falle wirklich ernsthafter Abweichungen, die von allen Beteiligten gesehen und erkannt werden, müssten Schritte unternommen werden. In allen anderen Fällen müsste der Ansatz sein: *Abwarten*!

Das Kind ist ja kein *Ding*. Es ist ein aufmerksames, sich nach Anerkennung und Bestätigung sehnendes Wesen. Es saugt die Urteile auf – diese brauchen nicht ausgesprochen, nicht ausgelebt zu werden, das Kind nimmt sie dennoch unwiderruflich auf – und durchdringt sich damit wie ein Schwamm mit Wasser. Es *kann* letztlich nicht mehr anders, als sich ‚gestört' zu verhalten, die Umgebung gibt ihm fortwährend dieses Bild zur Nachahmung.

Wenn die Erzieher, Eltern und Lehrkräfte sich *hiermit* auseinandersetzen und dies einsehen würden, dann würde die staatliche Obrigkeit das Übermaß an Regeln und die Sucht nach Modellen irgendwann hinter sich lassen. Kinder sind lebendige, sich entwickelnde Wesen, die ihre eigene Zeit haben.

Gerade das ‚Ahnen' muss entwickelt werden. Wenn man ein Kind liebt, will man es fördern, nicht ihm entgegenarbeiten. Selbst wenn es extrem ungezogen ist, kann man es noch immer lieben. Man kann sogar lernen, diese Ungezogenheit zu lieben, als eine spezifische Äußerung *dieses* Kindes. Es wird viel Energie verlangen, aber man kann immer wieder versuchen, es umzulenken, es fühlen lassen, dass es ein ‚gutes Kind' ist.

Diese Qualität des Erziehers sitzt nicht im Kopf, nicht in Schemata und Grafiken, sondern im Gefühl und im Willen. Wenn der Erzieher im Kind das Beste sehen *will*, wird es dieses auch am besten wahrmachen können. Übersteigen die Probleme immer und bei jedem alle Grenzen, ja, dann hat man es möglicherweise wirklich mit einer Störung zu tun. Doch echte Störungen sind selten, es sind meist Spiegelungen von Problemen – die mit der Zeit überwunden werden. Man kann Schemata und Grafiken und Tabellen machen, den Resultaten ernst ins Auge sehen – und sein endgültiges Urteil dann doch in einer ganz anderen Schicht bilden. Diese Schicht vergisst die Tabellen nicht, doch sie wertet sie weitherzig, liebevoll.

Wir leben in einer Kultur, in der die darwinistische Vorstellung der Selektion der Besten und Stärksten künstlich auf die Planung der kindlichen Entwicklung ausgedehnt wird. Doch die menschliche Entwicklung zeigt oft das Höchste im Schwächsten und das Schwächste im Stärksten. Das lässt sich nicht in Tabellen einfangen, dafür braucht das Kind das liebevolle menschliche Auge und Herz, das nicht urteilt, sondern geduldig zusieht, bis alles sich von selbst offenbart.

Auf der anderen Seite sind unsere Welt, unsere Zeit, unsere Erziehungsmethoden gerade *Ursache* von Entwicklungsstörungen. Diese müssen wir sehr ernst nehmen. Wie wirken wir ihnen heilend entgegen? Dafür ist etwas anderes notwendig als Geduld und Liebe.

Hierbei kommt es darauf an, dass der Erzieher sich immer wieder vor Augen hält: Ein Mensch ist ein lebendiges Wesen, ein Seele-Geist-Wesen, das inkarniert ist; ein Kind führt diesen Inkarnationsprozess aus und braucht dabei Unterstützung und Hilfe.

So, wie man einen Wachstumsprozess beschleunigen kann, dadurch jedoch eine vorzeitige Erschöpfung verursacht (man kann Pflanzen in solche Umstände bringen, dass sie früher blühen und reicher Frucht tragen, doch sie sind dann früher am Ende ihres Zyklus angekommen), so hat auch das Kind einen Prozess des Wachsens und Blühens in sich, der sich im Grunde bis in die Lebensmitte entfalten müsste, nach der dann erst die Früchte und die Reife kommen. Es ist sehr leicht möglich, auch diesen Prozess zu beschleunigen, doch dann bleibt das Fruchttragen und Reifen über längere Lebensphasen aus, es rundet sich zu früh ab. Als Erzieher dürfen wir also nicht auf das Tempo Wert legen, sondern nur auf die Qualität. Stimulieren wir das Tempo zu sehr, so erschöpfen wir die Kinder. Es mag scheinen, als *brauche* ein hochbegabtes Kind ein hohes Lerntempo, doch das ist Schein. Zurückhalten ist weiser als Beschleunigen.

Auf der anderen Seite darf auch nicht *zu viel* zurückgehalten werden. Kinder werden wirklich unglücklich, wenn sie in ihrer Entwicklung nicht verstanden werden. Und so hat der Erzieher die Aufgabe, die Mitte zwischen zu schnell und zu langsam empfinden zu lernen.

Hat man es mit einem Kind zu tun, das nicht gut gedeiht, so denke man nicht gleich an eine Entwicklungsstörung, sondern richte den Blick zuerst vom Kind weg, in die Richtung der ‚dummen‘ Erziehungsmethoden und Unterrichtsprogramme, der eigenen Herangehensweise, des eigenen Bildes und der eigenen Urteile über das Kind.

Man steht in einer fortwährenden Verwirbelung von Vergangenheit und Zukunft. Aus dem Vorgeburtlichen kommt die Individualität, von der man nicht weiß, wer sie ist, welche Anlagen und Qualitäten mitgebracht werden. Ebensowenig kennt man die Umstände des Vorgeburtlichen. Eine tiefe Ehrfurcht vor diesem Wesen ist hier wichtig, eine Ehrfurcht vor dem, was man sich entwickeln sieht.

Doch man ist auch Erzieher, und in diesem Sinne kann man nicht nur voller Ehrfurcht zusehen, es muss in jedem Augenblick auch etwas *getan* werden, man muss fähig sein, der Individualität so viel Gelegenheit wie möglich zu geben, sich zu entfalten, zu erscheinen. Das ist eine Willensfrage, hat mit Aktivität zu tun. Man ist der beste Erzieher, wenn man daran wirklich *Freude* hat, wenn man enthusiastisch dafür ist, von Tag zu Tag, von Jahr zu Jahr.

Und dann gibt es immer den jetzigen Moment, die Gegenwart, wo Vergangenheit und Zukunft ineinanderströmen. Hier ist das Kind fortwährend unbewussten Kräften ausgesetzt, die einerseits aus dem Kind selbst aufsteigen und die andererseits aus der Umgebung, der Welt, auf das Kind einwirken. Dafür braucht es den Schutz des Erziehers. Das ist etwas anderes als Verwöhnen oder eine straffe Hand. Dieser Schutz beruht auf Verständnis für die Kräfte innerhalb und außerhalb des Kindes und Verständnis für den richtigen Mittelweg. Man kann ein Kind nicht beschützen, indem man es von der Welt fernhält oder indem man alle Unlust und Disharmonie vermeidet. Es muss sich an sich selbst und an die Welt gewöhnen. Aber man muss aufmerksam sein und das Kind gegen allzu große Einwirkungen schützen. Ein Kind darf nicht nackt in der Welt stehen oder einsam in sich selbst leben. Es braucht Schutz. Kein Betütteln oder Verwöhnen, sondern *Schutz*.

ÄNGSTE

Angst bei Kindern ist eine solche Erscheinung, in der ein Kind Schutz braucht. Angst hat mit einem Zurückschrecken zu tun, aber die Welt gibt dazu auch Anlass.

Im Hellen und in Gesellschaft tritt die Angst normalerweise nicht auf, jedoch im Dunkeln und beim Alleinsein.

Allein auf die Toilette zu gehen, in einen dunklen Flur oder ein dunkles Zimmer, all dies kann Angst hervorrufen. Doch vor allem, wenn das Kind ins Bett muss und dann im Dunkeln allein gelassen wird, können wahre Panikanfälle auftreten.

Einerseits würde man es am liebsten trösten und bei ihm bleiben wollen, andererseits bildet sich dabei allzu leicht eine Gewohnheit. Wie soll man hiermit umgehen?

Wichtig ist natürlich, dem *vorzubeugen*. Doch das völlige Vermeiden angsterregender Eindrücke ist nicht möglich – und es gibt demgegenüber auch Kinder, die überhaupt nicht schnell ängstlich sind.

Das Beste ist, sich regelmäßig auf seine eigenen Ängste zu besinnen. Diese werden meist keinen Bezug zur Dunkelheit oder dem Alleinsein haben, doch es wird sie sicher geben. Man hole sie einmal mit voller Absicht ins Bewusstsein und versuche, sie zu empfinden, zu erleben. *Wovor* hat man Angst, und wie rational sind die eigenen Ängste? Wie geht man damit um?

Auf diese Weise kann man das Phänomen Angst besser verstehen und wird auch besser damit umgehen. Man weiß dann, dass Angst sich nicht wegreden lässt, wohl aber ablenken lässt.

Für kleine Kinder kann es sehr wichtig sein, dass es ein Schlaflicht gibt, ein vertrautes Kuscheltier und eine offene Schlafzimmertür, durch die die bekannten Geräusche beruhigend hörbar bleiben. Es ist heutzutage ja eine Normalität, dass Kinder ein eigenes Zimmer haben. Man denke einmal an die Bettnische älterer Zeiten mit drei Kindern in einem Bett...

Auch beim ängstlichen Wachwerden in der Nacht muss man immer einen Mittelweg finden. Das Kind weinen zu lassen, ist barbarisch, doch auf alles einzugehen, macht einen zum Sklaven. Offene Zimmertüren, etwas Licht, das Kind merken lassen, dass man noch wach ist, geben dem Kind das Gefühl, beschützt zu sein. Aber man darf doch wiederum auch nicht zuviel darauf eingehen, weil man die Angst damit bestärken würde.

Bei kleinen Kindern wirken die Märchen ‚homöopathisch‘, sie bringen die Angst in das richtige Verhältnis.

Ein ängstliches Kind ist für die Eltern eine Aufgabe – aber es ist es auch für sich selbst. Es gibt gute homöopathische (anthroposophische) Mittel, um Ruhe und Gleichgewicht im Kind herzustellen. In diesem Fall ist ‚Maßarbeit‘ das Beste: nicht jedes Kind braucht dasselbe Mittel.

Schüchternheit ist eine Variante von Angst. Es gibt Kinder, die sich leicht überwältigen lassen, die Angst vor dem Unbekannten haben. Bei solchen Kindern kündigt sich das melancholische Temperament an. Man muss solche Kinder sanft an das Fremde in der Welt gewöhnen. Forcieren führt zu Angst, Nachgeben zu Schwäche. Das Beste ist, wenn sie schon früh lernen, dass alles immer wieder nicht so schlimm ist. Wenn man sie vor Allem behüten will, erhalten sie nicht die Gelegenheit, dies zu entdecken. Doch man muss je nach Situation urteilen. Auch hier kann eine Besinnung auf eigene Momente der Schüchternheit eine Welt des Verständnisses eröffnen.

Der Gegensatz (,Komm schon, du brauchst keine Angst zu haben!') wirkt für gewöhnlich überhaupt nicht. Erziehen verlangt eine fortwährende Kreativität in der Suche nach Lösungen, es ist ein großartiger Aufruf, sich selbst zu vergessen!

NOCH EINMAL DIE VERERBUNG

Zu Beginn dieser Betrachtungen über die Erziehungskunst haben wir erlebt, wie sich das Kind als sich inkarnierende Individualität mit den erblichen Anlagen auseinandersetzt. Für eine gute Erziehung ist dieses Erlebnis von
größter Wichtigkeit.

Doch unsere natürlichen Augen sehen diese Individualität nicht, sie sehen das wachsende Resultat der Begegnung
zwischen der Individualität und der Erblichkeit und fassen dies als ausschließliche Wirkung der Vererbung und
der Umgebungsfaktoren auf. Mit einer darauf basierenden
Wissenschaft haben wir es in unserer Zeit zu tun.

Es ist also ein Kampf, diese beiden Ströme *selbst* zu sehen
und die Sicherheit darüber aufrechtzuerhalten. Ein Gespräch darüber mit anderen, die nur den natürlichen Blick
auf das Kind haben, wird immer schwer sein.

Aber auch das Gespräch mit sich selbst hierüber ist nicht
immer einfach. Eltern sehen ihre Kinder doch gern als ein
Produkt ihrer selbst, erkennen sich selbst gern in ihren
Lieblingen und verlieren so leicht die Sicht auf die Realität:
Als Eltern gibt man durch seine Liebe zueinander seinen
Kindern die Gelegenheit, in einem Körper auf der Erde zu
erscheinen, aber man ist nicht ihr Ursprung. Das höchste
Erziehungsideal müsste sein, dass sie trotz einem sie selbst
werden können – und zugleich dank einem. Man muss es
in dem Maße, wie sie aufwachsen, immer besser ertragen
können, dass sie so *ganz* anders sind als man selbst, dass sie
zwar viel von einem in sich aufnehmen wollen, vieles aber

auch überhaupt nicht. Dass sie einen Weg in das Leben suchen, der möglicherweise keineswegs mit dem eigenen übereinstimmt.

Man versucht, ein Kind zu einem gewissenhaften Erwachsenen heranwachsen zu lassen, doch in welchem Gebiet sich dieses Gewissensvolle entfalten wird, muss man irgendwann loslassen, in Hingabe. In der frühen Kindheit geht es darum noch nicht, aber ein Vorausblick, ein erlebendes Schauen auf die Zukunft ist schon da sehr wichtig. Man *hat* seine Kinder nicht, sie sind *bei* einem. Sie sind nicht umsonst gerade bei einem, aber man braucht doch Respekt vor dieser erscheinenden Individualität, wodurch die Möglichkeit entsteht, dass ein Kind, das innerlich viel weiter entwickelt ist als man selbst, auch ein Erwachsener werden kann, der dieses entwickelte Innere entfalten kann. Solange man sich als über sein Kind gestellt empfindet, ist man auf dem falschen Weg.

Doch man ist ebenso wenig einander gleich. Man ist der Ältere, und vorläufig hoffentlich in einer bestimmten Hinsicht der Weisere – obwohl auch das relativ ist, weil das kleine Kind noch von göttlicher Weisheit erfüllt ist. Das irdische Wissen hat es jedoch nicht, und das macht einen zu ,mehr' als das Kind.

Man muss also in seiner Umgebung ein Schauplatz von Güte, Schönheit und Weisheit sein, das ist das Allerwichtigste. Das kleine Kind hat noch die Heiligkeit des absoluten Vertrauens in das Gute in allem und überall. Je mehr dies mit echter irdischer Güte korrespondieren kann, desto besser inkarniert sich das Kind und empfängt es die Kraft, das vererbte Anlage-,Modell' gemäß der Form der Individualität zu gestalten.

Eine noch nicht durchschaute Gegenkraft dazu ist die reale Wirkung des elektromagnetischen Feldes, in dem wir zunehmend leben müssen. Wie bereits gesagt, hat der menschliche Leib elektromagnetische Wirkungen, die man für das Herz bzw. das Gehirn in einem Elektrokardiogramm und Enzephalogramm (EKG und EEG) registrieren kann. Die Wissenschaft kennt das elektromagnetische Spektrum mit der Unterteilung der verschiedenen Strahlungen. Natürliche Geräusche gehören nicht zu diesem Spektrum, natürliches Licht ist jedoch ein Teil davon.

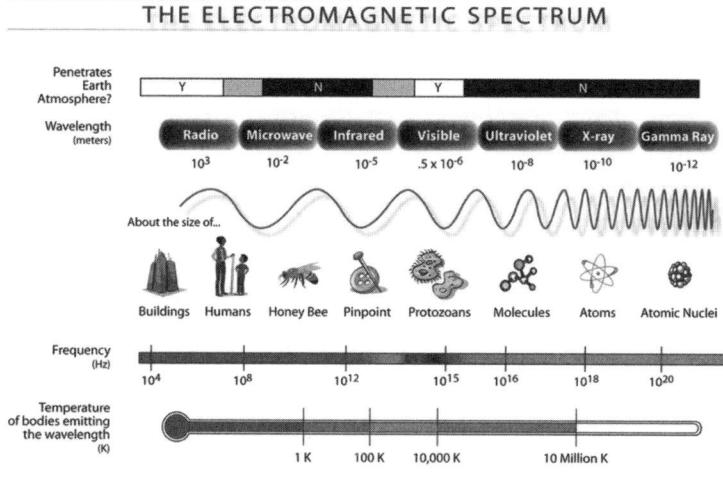

Abbildung 3[9]

Der menschliche Leib hat Verwandtschaft mit dem zwischen Radiowellen und Mikrowellen sich erstreckenden Spektrum.

Die digitale Information, die drahtlos anwesend ist, wird durch das elektromagnetische Feld im Raum ‚gehalten'. Dieses Feld ist überall, auch wenn der ‚Bereich' verschieden ist. Sobald man einen Apparat einschaltet, der diese

---

[9] Quelle: Wikipedia.

157

Information empfangen kann, konzentriert sich das Feld dort. Sensible Menschen können dies gewahr werden. Menschen mit einem entwickelten spiritualisierten Denken können dies ebenfalls gewahr werden.

Wer es nicht bemerkt, kann es natürlich leugnen, doch die Wirkung dieses Feldes wirkt stress-steigernd. Gespanntheit, Selbstbezogenheit, Ärger, Übermüdung – wir kennen diese Entgleisungen auch ohne PC und Handy, doch *mit* diesen verschlimmern sie sich noch.

Die elektromagnetischen Kräfte wirken auf das leibliche elektromagnetische Feld und verstärken hier den rein physischen, erblichen Teil, das Modell, in seinen Kräften. Dieser Prozess erschwert den Kampf des Kindes, es selbst werden zu können, gewaltig.

Allein darum ist es schon lebenswichtig, dass sich diese Maschinen nicht in der Nähe des kleinen Kindes befinden, dass der Router ausgeschaltet wird, wenn das Internet nicht benutzt wird, dass die IPhones und Galaxys auf Abstand gehalten werden, dass das Kind nicht oder aber so wenig wie möglich fernsieht und schon gar nicht den IPad unter die Finger bekommt.

Man empfinde doch einmal den eigenen Stress! Sie ist nicht zu vermeiden, diese digitale Medienkultur. Doch für eine gesunde Inkarnation sind diese Maschinen an sich *Gift*. Wenn man seinen eigenen Stress empfindet und erlebt, wie dieser die eigene Menschlichkeit *untergräbt*, wird man alles dafür tun wollen, den Kindern diese Wirkung so lange wie möglich zu ersparen. Man will, dass es gesunde, gewissenhafte Individualitäten werden, nicht elektronische automatische Tiere, die zwar auch niedlich sein können, die aber immer unmenschlich sind.

Wenn man ein Fernsehprogramm anschaut, in dem junge Gesangstalente (Popmusik) miteinander wetteifern, dann bricht einem das Herz. Einerseits sieht man die sehnsuchtsvolle Seele des heranwachsenden Kindes, des jungen Teenagers. Man sieht die Schönheit der Unschuld in einer elektronischen Umhüllung. Die Eltern sind stolz auf ihre erbliche Fortpflanzung, und man kann es ihnen nicht übel nehmen. Auf diesem Gebiet fehlt *alle* Aufklärung.

Jene sehnsuchtsvolle Unschuld wird in dem vielfarbigen Kunstlicht der Scheinwerferspots gebrochen. Und wenn man sieht, was nach einem Jahr mit den Gewinnern des Wettbewerbs geschehen ist, dann heilt das eigene gebrochene Herz nicht mehr. Die sehnsuchtsvolle Unschuld ist im beginnenden Glamour erstarrt...

Für das kleine Kind liegt dieser Prozess noch in der Ferne. Doch der Anfang liegt schon hier. Man kämpfe für die Bewahrung der Menschlichkeit, indem man den Stress zuhause zur Ruhe bringt: Man schalte die elektronischen Apparate immer aus und zögere ihren Gebrauch durch Kinder so lange, lange, lange wie möglich hinaus!

Man vermeide überwältigende Eindrücke wie Vergnügungsparks oder Disneyland. Nur der abstrakt sehende und denkende Erwachsene kann glauben, dies sei ‚toll‘ für Kinder. Man irrt sich in der Freude, die sie damit zu haben scheinen. Man kann ein Kind auch an Alkohol gewöhnen, diesen wird es auch lecker finden.

Man vertiefe sich in die *Wirkungen* von all diesem ‚Tollen‘, dann kommt man selbst hinter die Bedeutung. Ohne vertiefendes Erleben kommen wir unwiderruflich zu den falschen Meinungen und Urteilen über die Erziehung. Nur meditative Vertiefung kann unser Urteilsvermögen gesund machen...

DIE PFLEGE DES LEIBES

Für eine gute Erziehung ist die Pflege des Leibes von größter Wichtigkeit, vor allem in den ersten Lebensjahren. In dieser Periode wird er schließlich ‚eigen' gemacht, damit er die Individualität so gut wie möglich erscheinen lassen kann.

Gute leibliche Versorgung gibt Behaglichkeit. Wir leben in einer Kultur, in der es möglich ist, gut für das Kind zu sorgen. Echte Armut, wie in anderen Teilen der Welt, haben wir hier nicht. Das gibt uns die Pflicht, dann auch gut für das Kind zu sorgen.

Das Erste ist der Umgang mit Wärme und Kälte. Kleine Kinder brauchen Wärme. Ein Neugeborenes kommt aus einem Milieu von etwa 37 Grad Celsius und muss sich an 20 Grad Celsius gewöhnen. Man muss ein Baby also gut anziehen, gut zudecken, dafür sorgen, dass es nicht nass ist, keine nasse Windel hat. Aber zuviel Wärme kann es ebenso wenig ertragen. Es muss also gut auf die Temperatur in der Umgebung geachtet werden.

Frische Luft ist von großer Wichtigkeit. Kinder müssen jeden Tag nach draußen, und wenn es wirklich nicht geht, muss im Hause gut gelüftet werden. Für die Luftwege und die Atmung ist frische Luft eine Notwendigkeit.

So ist auch *Licht* sehr wichtig. Ein Neugeborenes, das etwas gelb wird, braucht viel Licht. Doch jedes Kind hat

161

ein Bedürfnis nach (Sonnen-)Licht – auch darum muss es jeden Tag nach draußen. Licht ist notwendig für den natürlichen Vitamin-D-Haushalt. Grelles Sonnenlicht ist dagegen gar nicht gut, kleine Kinder brauchen nicht braun zu werden.

Zu den alltäglichen Problemen gehört auch das Essverhalten. Viele Kinder tun sich mit dem Essen schwer. *Dies* wollen sie, *das* nicht ... und für den Erzieher ist es oft schwer, mit einem Kind umzugehen, das nicht essen will. Nahrung ist schließlich notwendig ... also gibt man einen Keks oder eine Banane, wenn es wieder einmal nicht mitessen wollte.

Doch hier ist wieder die eigene Sicherheit des Erziehers ausschlaggebend. Einerseits kann man dem Geschmack der Kinder etwas entgegenkommen, andererseits müssen sie doch *alles* essen lernen, und das geht am besten, wenn der Erzieher nicht an der Kraft seines Willens zweifelt. Wenn das Kind den Eindruck bekommt, dass es bestimmen kann, was es essen will und was nicht, *wird* es das auch bestimmen.

Verhungern wird ein Kind in unserer Kultur nicht, es ist keine Katastrophe, wenn es einmal eine Mahlzeit auslässt. Es wird von dem dann auftretenden Hunger lernen...

Die Reinlichkeit ist auch so ein Thema, um das Streit entstehen kann. Früher wollten Mütter oft sehr früh die Reinlichkeit erzwingen, um vom Windelwaschen befreit zu sein. Die Pampers-Gesellschaft hat dieses Problem nicht mehr. Es kommt darauf an, das Reinlichkeitstraining nicht zu streng, aber auch nicht zu nachlässig anzugehen. Irgendwann muss schon deutlich werden, dass die Windel nicht der richtige Ort bleiben kann, seine Ausscheidungen zu deponieren. Doch das nachahmende Kind wird immer ein Interesse für diesen merkwürdigen Prozess des Auf-die-Toilette-Gehens entwickeln. Sobald man etwas davon zu bemerken beginnt, meist um das zweite Jahr herum, muss man von diesem Interesse Gebrauch zu machen verstehen.

Der Stuhlgang kann große Probleme machen. Obstipation und Diarrhöe sind oft vorkommende Störungen. In erster Linie muss dann auf die Ernährung geschaut werden. Wenn durch eine weise Veränderung in der Ernährung keine Verbesserung eintritt, wird der Arzt zu Hilfe gerufen werden müssen.

Meist liegt nichts vor, manchmal muss es behandelt werden (am besten mit natürlichen Mitteln) oder muss sogar der Kinderarzt einmal nachschauen.

Ein krankes Kind

Kinder bekommen oft plötzlich (hohes) Fieber. Das erscheint immer bedrohlich. Es werden immer allerlei Schreckensbilder lebendig, was geschehen könnte. Zwei Dinge sind hier wichtig. Erstens ist es gut, stets zu bedenken, dass Kinder in unserer Kultur nur sehr selten lebensgefährlich erkranken. Fieber- und Krankheitsphasen sind notwendig für die Formung des Leibes, für die Umformung des ererbten ‚Modells' in einen so getreu wie möglich der Individualität nachgebildeten Leib.

Genaues Wahrnehmen, objektives Fühlen und Gemütsruhe sind die notwendigen Instrumente bei kranken Kindern. Der Arzt ist darin geschult. Als Arzt sieht man ziemlich unmittelbar und zweifelsfrei, dass es um eine unschuldige und notwendige Krankheit geht – oder dass es um ein schwerkrankes Kind geht. Reagiert das Kind gut, ist es gut wach und nicht benommen? Trinkt es, isst es noch? (Der Appetit ist oft vermindert oder abwesend, doch das Trinkenwollen bleibt). Kann man gut Kontakt mit ihm aufnehmen? Sind die Ausscheidungen normal?

Am liebsten will man das Fieber weghaben, besser aber ist es, mit Gemütsruhe zuzusehen. Nur wenn die Temperatur über 40 Grad Celsius steigt, müsste man etwas geben. Wenn nicht, dann ist Fieber gut, sofern die oben genannten Funktionen gut bleiben. Bleibt das Fieber am dritten Tage weiter bestehen, ist eine ärztliche Untersuchung notwendig. Es müssen Hals, Ohren, Lunge und der Urin untersucht werden. Es kann sehr gut sein, dass auch dann nichts Ernsteres vorliegt und das Fieber von selbst verschwindet.

Antibiotika sind ausschließlich dann angezeigt, wenn das Fieber hoch bleibt und eine Komplikation aufgetreten ist: Eine Entzündung von Hals oder Ohren, ein Atemwegsinfekt oder ein Harnwegsinfekt. Eine Meningitis ist selten. Der Arzt wird diese feststellen.

Wenn ein Kind krank ist, sorge man dafür, dass es *Ruhe* bekommt. Es darf nicht in die Schule, nicht nach draußen. Bettruhe ist etwas, was nicht mehr gegeben wird und was auch nicht mehr so einfach gelingt. Wenn das Kind sehr krank ist, legt es sich von selbst hin. Aber die Umgebung muss ruhig sein, und der Körper muss geschont werden. Man sorge für Wärme, für das Trinken – und Gesellschaft.

Kinder äußeren auch ihre Spannungen oft dadurch, dass sie Fieber bekommen. In der Hitze können sie diese besser verarbeiten, und sie bekommen die notwendige Ruhe.

Für Erzieher ist es wichtig, erleben zu lernen, dass Krankheit eine Funktion hat, sie ist ein Zeichen von Gesundheit. Wenn man Kinderkrankheiten so anschauen lernt, steht man ihnen ganz anders gegenüber. Sie gehören genauso zum Aufwachsen wie Essen und Trinken.

SCHLUSSBETRACHTUNG

In diesem Buch wollte ich mehr die Frage aufrufen: ‚Was ist ein Kind?‘, als darauf eine ganz klare, fertige Antwort zu geben. Wenn der Leser sich selbst dadurch randvoll mit Fragen erlebt, ist der Sinn dieses Buches erfüllt. Es *gibt* keine fertigen Antworten. Das Kind ist im Werden und ist in diesem Sinne immer eine Frage, die sich größtenteils *selbst* beantwortet. Wo das Kind diese lebendigen Antworten nicht hat, beginnt die Aufgabe des Erziehers.

Diese Aufgabe besteht zuallererst in einer Besinnung auf das Wesen des Kindes im Allgemeinen und *dieses* Kindes im Besonderen. Eine solche Besinnung habe ich mit diesen Kapiteln in Gang gesetzt. Doch diese wird nur wirksam sein können, wenn der Leser den Drang nach Besinnung übernimmt. Das bedeutet den Beginn eines meditativen Lebens in dem Sinne, dass man versucht, sein Wissen viel weiter zu vertiefen, als es üblich ist. Man tut dies, indem man dabei lange, viel länger innehält, darin verweilt. Nur dann wird Wissen *wirksam*. Es ist dann kein Gedächtnisreservoir mehr, sondern eine immer tiefer werdende, *wirkende* Einsicht. Dieses Wirksame gibt dann die richtigen Ideen und Einfälle, die man im alltäglichen Leben mit Kindern so sehr braucht.

Das bloße *Lesen* von Büchern über Erziehung liefert nur Gedächtnisstützen. Man kommt nicht in diejenige ‚Lage‘ des Wissens, wo man sicher weiß, ob etwas wahr ist oder nicht. Dass bei oberflächlichem Lesen *alles* plausibel erscheinen kann, ist bekannt. So wirken die Medien, sie beeinflussen auf diese Art die ganze Menschheit – die dies nicht einmal bemerkt.

Etwas anderes ist es, *selbst* zur Einsicht zu kommen, *so* intensiv und bewusst, dass man sein Wissen nur dann noch als wahr annimmt, wenn man es als *Einsicht* hat.[10]

Jeder Mensch kann solche sicheren Einsichten durch eine mehr meditative Besinnung erwerben. Kenntnisse bleiben dann kein Wissen, sondern werden eine lebendige Vermittlung zwischen einem selbst und dem Kind.

Für die ersten sieben Lebensjahre ist vor allem die Einsicht wichtig, dass das Kind als Individualität schon *vor* der Konzeption da war; dass es eine (mehr oder weniger lange) Existenz zwischen dem vorherigen Tod und dieser Konzeption bzw. Geburt geführt hat. Diese vorgeburtliche Wirksamkeit setzt sich in den ersten sieben Jahren in den gestaltenden Kräften fort, die den ererbten Leib so umformen, dass er so ideal wie möglich an die Möglichkeiten der Individualität, sich zu verwirklichen, angepasst ist.

Wenn man nicht hellsichtig ist, sieht man diese plastischen Kräfte nicht – und doch gibt es eine Möglichkeit, sie wahrzunehmen. Sie werden nämlich in den nachahmenden Kräften des Kindes sichtbar. Man lerne, darauf zu achten, und man sieht ein äußeres Abbild dessen, was innerlich geschieht. So, wie man beim Modellieren äußerlich sieht, was man tut, zugleich jedoch Kräfte in seinen Händen hat, *wodurch* man die Formen zum Vorschein bringt, ebenso sieht man das Kind äußerlich tätig, während sich innerlich ein viel größerer Gestaltungsprozess vollzieht.

Würde sich der Erzieher allein nur *hiermit* durchdringen,

---

[10] Wer sich hierin weiter vertiefen will, kann einen einfacheren Zugang in meinem Buch ,Ich mache, was *ich* will' und einen tiefergehenden philosophischen Zugang in ,Suche das Licht, das im Abendlande aufgeht' finden.

so würde die richtige Ehrfurcht vor der göttlich-geistigen Nachwirkung des Vorgeburtlichen im Erzieher erwachen – und die Erziehung eine ganz andere Tätigkeit werden. Das ehrfürchtige Beschützen würde in einen schrillen Kontrast zu einem bloßen ‚Großziehen‘ oder ‚Einfach-Geschehen-lassen‘ treten. Solche gut erzogenen Kinder würden einen ganz neuen Menschentyp bilden. Doch der Anfang liegt bei den Eltern und Erziehern. Es geht um eine Veränderung der Mentalität und der Einstellung.

Die aus dem Vorgeburtlichen stammenden plastischen Kräfte finden einen ersten Endpunkt im Zahnwechsel, der natürlich ein allmählicher Prozess ist. Sie wirken weiter, stehen aber allmählich für den kognitiven Lernprozess, das Malen und das Schreibenlernen zur Verfügung. Es beginnt eine neue Phase, die in einem nächsten Buch besprochen werden wird.

Für die ersten sieben Jahre ist das Erlebenlernen des noch immer wirksamen Vorgeburtlichen die Hauptsache. Kann man sich diesem durch meditative Besinnung immer mehr nähern, dann bekommt man auch selbst eine reale Ahnung von allem, was im Vorangegangenen besprochen wurde. Man beginnt, eine Sensitivität für die Bedeutung alles dessen zu entwickeln, was ein Kind miterlebt und was es umgibt – und findet dadurch die richtigen Antworten.

Jeder Mensch trägt diesen Quell von Antworten in sich, nur liegt dieser unter dicken Schichten von Wissen und Meinungen verborgen.

Nur Meditation löst diese Schichten auf, macht sie durchlässig.

Die Einsichten der Autorin sind selbstständig erworbene Einsichten dank des Werkes Rudolf Steiners, der Anthroposophie. In den Literaturhinweisen sind einige Bücher über die Erziehungskunst genannt.

Ich schließe mit einer mehr dichterischen Weisheit aus dem bekannten Werk ‚Der Prophet' von Khalil Gibran.

Von den Kindern

Und eine Frau, die einen Säugling an der Brust hielt, sagte: Sprich uns von den Kindern.
Und er sagte:
Eure Kinder sind nicht eure Kinder.
Sie sind die Söhne und Töchter der Sehnsucht des Lebens nach sich selbst.
Sie kommen durch euch, aber nicht von euch,
Und obwohl sie mit euch sind, gehören sie euch doch nicht.
Ihr dürft ihnen eure Liebe geben, aber nicht eure Gedanken,
Denn sie haben ihre eigenen Gedanken.
Ihr dürft ihren Körpern ein Haus geben, aber nicht ihren Seelen,
Denn ihre Seelen wohnen im Haus von morgen, das ihr nicht besuchen könnt, nicht einmal in euren Träumen.
Ihr dürft euch bemühen, wie sie zu sein, aber versucht nicht, sie euch ähnlich zu machen.
Denn das Leben läuft nicht rückwärts, noch verweilt es im Gestern.
Ihr seid die Bogen, von denen eure Kinder als lebendige Pfeile abgeschnellt werden.
Der Schütze sieht das Ziel auf dem Pfad der Unendlichkeit, und Er spannt euch mit seiner Macht, damit seine Pfeile schnell und weit fliegen.
Lasst euren Bogen von der Hand des Schützen auf Freude gerichtet sein;
Denn so wie er den Pfeil liebt, der fliegt, so liebt er auch den Bogen, der fest ist.

LITERATUR UND HINWEISE

Rudolf Steiner

Der übersinnliche Mensch, anthroposophisch erfasst, GA 231.
Die geistige Führung des Menschen und der Menschheit, GA 15.
Allgemeine Menschenkunde als Grundlage der Pädagogik, GA 293.
Die geistig-seelischen Grundkräfte der Erziehungskunst, GA 305.
Heilpädagogischer Kurs, GA 317.
Wahrspruchworte, GA 40, 40a.

Übrige Literatur

Friedrich Schiller, Briefe über die ästhetische Erziehung des Menschen.
Johann Wolfgang von Goethe, Das Märchen von der grünen Schlange und der schönen Lilie.
Dante, Die göttliche Komödie.
Mieke Mosmuller, Die sieben Hauptsünden, Gegenwart, Zeitschrift für Kultur, Politik, Wirtschaft, Nr. 1/2010.
Mieke Mosmuller: Ich mache, was *ich* will. Freiheitsphilosophie für junge Menschen.
Mieke Mosmuller: Suche das Licht, das im Abendlande aufgeht.

Märchen über das Ärgern

Christian Andersen: Die Schneekönigin, Das hässliche kleine Entlein, Das kleine Mädchen mit den Schwefelhölzern.
Brüder Grimm: Der goldene Schlüssel.

Kinderbücher

Verlage von guten Kinderbüchern:

J. Ch. Mellinger Verlag: www.mellingerverlag.de

Freies Geistesleben: www.urachhaus.de

Link-Tips:
Litterula, Kinderbuch-Couch, Deutscher Jugendliteraturpreis.

Waldorfkindergärten und Waldorfschulen

www.waldorfschule.de
www.waldorfkindergarten.de

Waldorfspielzeug

Siehe zum Beispiel
http://waldorfshop.eu
www.artificia-nova.de.